中國學術思想 研究輯刊

十一編

林慶彰 主編

第 40 冊

王覺一生平及其《理數合解》理天之研究

鍾雲鶯 著

花木蘭文化出版社

國家圖書館出版品預行編目資料

王覺一生平及其《理數合解》理天之研究／鍾雲鶯 著 — 初版
— 新北市：花木蘭文化出版社，2011〔民100〕
目 4+156 面；19×26 公分
（中國學術思想研究輯刊 十一編；第 40 冊）
ISBN：978-986-254-486-0（精裝）
1.（清）王覺一　2. 學術思想　3. 清代哲學
030.8　　　　　　　　　　　　　　　　　100000819

ISBN-978-986-254-486-0

9 789862 544860

中國學術思想研究輯刊
十一編　第四十冊　　　　　　　ISBN：978-986-254-486-0

王覺一生平及其《理數合解》理天之研究

作　　　者　鍾雲鶯
主　　　編　林慶彰
總 編 輯　杜潔祥
出　　　版　花木蘭文化出版社
發 行 所　花木蘭文化出版社
發 行 人　高小娟
聯絡地址　新北市永和區中正路五九五號七樓之三
　　　　　電話：02-2923-1455／傳真：02-2923-1452
網　　　址　http://www.huamulan.tw 信箱 sut81518@ms59.hinet.net
印　　　刷　普羅文化出版廣告事業
封面設計　劉開工作室
初　　　版　2011 年 3 月
定　　　價　十一編 40 冊（精裝）新台幣 62,000 元

王覺一生平及其《理數合解》理天之研究

鍾雲鶯　著

作者簡介

鍾雲鶯，國立政治大學中國文學系博士（2000），現任元智大學中國語文學系教授。主要研究領域集中在「宗教的庶民儒學」，關注儒學在民間社會的發展，以及儒學被宗教化的解讀。研探主流儒學在民間社會被宗教解釋現象，與民間教派對主流儒學的吸收與轉化，及其三教融合的經典詮釋。著有《民國以來民間教派大學中庸思想之研究》（2000，博士論文）、《清末民初民間儒教對主流儒學的吸收與轉化》（2008，臺大出版社），以及一貫道相關研究多篇。

提　　要

本文乃以清末「末後一著教」教主王覺一之《理數合解》之理天思想。

王覺一乃一貫道道統表之第十五代祖師，著作豐富，《理數合解》乃其代表著作，在民間社會廣為流傳，目前已逐漸受到學術界注意。

本文乃研究王覺一之「理天」思想，研究其吸收、轉化宋明儒學思想，衍繹成為修行的理念，並在理／氣／象之宇宙論中，建構神聖空間／宇宙空間／世俗空間之修道層級之別。

受到宋明儒學的影響，王覺一的心性論乃建構在宇宙論上，因此探討人性之源之善，以及人之所以為不善之由，藉以闡述人之必須修行的理由。

在宇宙論與心性論的架構中，王覺一著作與一般儒者最大的不同乃結合明清以來民間教派所談論之「三期末劫」思想，開展「救劫」理念，使得儒家經典在此一信念中被宗教化，藉王覺一之著作，學者可以探究儒家經典在民間宗教中被宗教詮釋的另一面向。

第一章 緒 論

第一節 研究動機

近年來的宗教研究已逐漸受到學者的重視，學者不僅重視正統宗教（儒、釋、道等）的文獻探討，更擴及於具有眾多信徒與民眾生活習俗息息相關的民間宗教，使得一向被鄙視為「迷信」的民間宗教，在學者的關切下已逐漸得到應有的待遇。

民間宗教以往被稱為「祕密宗教」或詆稱為「邪教」。在臺灣首揭民間宗教研究風氣的戴玄之教授就以「祕密宗教」一名稱呼歷代的民間宗教。〔註1〕「邪教」一名則來自明清律令的認定，〔註2〕因為他被排除於官方所認定的宗教之外。稱其「祕密」乃因為他有別於正統宗教，並且需要經過不輕易讓外人看見的入教儀式。今日研究者則多半喜歡採用較具中立色彩的「民間宗教」稱呼。

有關明清時代民間宗教的研究，一則資料較易搜尋，一則至今民間社會仍然保留明清各教派的後繼者，〔註3〕因此成果斐然。臺灣學者莊吉發曾經利

〔註 1〕 戴玄之：《中國祕密宗教與祕密會社》（臺北：臺灣商務印書館，1980 年）。

〔註 2〕 宋光宇：〈叛逆與勳爵——先天道在台灣清朝與日據時代的不同際遇〉，《歷史月刊》第 74 期（1994 年 3 月），頁 56～64。宋師認為，中國歷史上常有正教、邪教與祕密宗教的說法，其實都是當局者依據其政治理念所作的假想敵的劃分。

〔註 3〕 今日一貫道、先天道即是明清時期民間教派的傳承者。林萬傳：《先天道研究》（台南：靝巨書局，1986 年）。

用故宮博物院館藏的檔案資料對清代的民間祕密宗教進行研究，對於老官齋教、青蓮教（先天道）、三陽教、收元教、白蓮教的發展源流與組織作一文獻資料性的分析，同時也探討了各教派的流衍，並著有〈清代民間宗教信仰的社會功能〉、〈從院藏檔案談清代祕密宗教盛行的原因〉，對於清代祕密宗教的盛行原因與社會功能作一詳細的探究，莊氏的研究成果，對於後人研究清代民間祕密宗教助益良多。王爾敏的〈祕密宗教與祕密社會之生態環境及社會功能〉及洪美華〈明末清初祕密宗教思想信仰的流變與特質〉，這些研究成果對於認識明清的民間發展流變與社會功能都有詳細的介紹與分析。大陸學者喻松青的〈明清時代民間的宗教信仰和祕密結社〉、馬西沙〈略論明清時代民間宗教的兩種發展趨勢〉亦對明清的民間宗教源起與發展演變，作一鳥瞰式的介紹。馬西沙、韓秉方合著的《中國民間宗教史》更是一本鉅著，詳載早期的彌勒思想、摩尼教和明清兩代二十餘種教派的發展歷史。美國學者韓書瑞（Susan Naquin）曾經研究 1813 年林清的天理教案和灤州石佛口王家的宗教承傳，她直言中國在明末及清代有一個白蓮教傳統，〔註 4〕這種說法已為現在歐美漢學家所接受。日本學者相田洋也是從「民眾反亂世界」這個角度來看待明清的教派，〔註 5〕鈴木中正主張用「千年王國運動」的角度來看明清的教派。〔註 6〕整體而言，近年來有關明清民間宗教的研究，都以宏觀的角度看待民間宗教的發展，著重在民間宗教發展的社會因素與教派形成的背景，較少由單一教派切入，深入經典教義對於民間教派的影響及對其宗教理念，與信仰核心做全面性的的探討。今日臺灣的學者研究明清民間宗教者，只有林萬傳對清初先天道的發展與教義宗旨做詳密的研究，及鄭志明對三一教所作的深入單一教派之研究，其餘的皆就明清時代背景與民間宗教發展的歷史脈絡做整體性的研究。因此以微觀的角度深入單一教派，了解其發展及其教義與信仰核心，可說是明清民間宗教研究者急需進行的工作，也是未來研究民間宗教主題必然的發展方向。因此本論文選擇單一教派進行教義理念的探討，實可以為民間宗教的信仰體系與教義思想作較具體性的補遺。

〔註 4〕 Susan Nauin, （New Havev: Yale University press, 1976）; Santung Rebllion, *The Wang Lun Uprising of 1774 New Haven* （Yale University press, 1981）。

〔註 5〕 相田洋：〈中國民眾反亂世界〉，《白蓮教の成立とその展開——中國民眾の變革思想形成》（東京：汲古書院，1974 年），頁 147～217。

〔註 6〕 鈴木中正：《千年民眾の運動》（東京：東京大學出版會，1982 年）。

　　一貫道是清末發展的新興宗教，至今在臺灣民間的發展興盛不衰，擁有數十萬的信徒，甚至傳道足跡遍佈全球，〔註7〕早期雖受各方誤解而遭排擠誹謗，〔註8〕但是今日的發展盛況，已不可同日而語。

　　考察一貫道成立的雛型，應始於清朝同光時期的領導者王覺一（也就是一貫道所謂的第十五代祖師）。雖然一貫道自謂其道脈淵遠流長，道統傳承不絕。然而根據學者的考證，真正影響一貫道日後信仰方向與建立教義者，應是王覺一。〔註9〕他對於信仰的核心與人生最終目的，人從何處來、該歸往何處、以及人為什麼要修道、修道的真實意義等，做了詳細又明確的說明。這個說明並不只是哲學上的思考問題，也不只是道德上的修養問題，而是宗教對於人類原靈的關懷，以及人類該如何修煉以找回光明清淨的本我，也就是對人生的終極關懷進行解說。王覺一身為宗教傳道者，對於以上各項問題作了適當的說明，建立完整的神學體系，而這個神學體系至今仍為一貫道及其他教所派共同遵奉。

　　民間宗教的傳道者所面對的是一般尋常百姓，因此他們所使用的傳教方式以淺顯易懂為主，為了方便起見，常雜用佛、道經典，以致使得許多人誤認為這些民間教派並沒有一套健全的理論系統。清代民間宗教雖有二百七十種之多，〔註10〕但大多湮沒不彰，主要的原因可能沒有完整神學體系與教義思想，或是過分強調祖師神佛的神秘儀式和經典的神聖性，以致不肯輕易示人，最後連教內的人自己也不清楚，甚至不了解其內容所揭櫫的信仰理念與教義思想，完全喪失向外傳佈的能力。因此類似王覺一這種有詳細的宗教理論著作，至今仍影響當今民間宗教的清末教派的領導者，實為鳳毛麟角，不可多得。

　　一般人對於民間宗教印象，都停留在民間宗教乃烏合之眾的草莽團體，沒有正式的立教經典與信仰宗旨。其實這是以往研究者的誤導，以前研究民間教派者往往只利用官方的檔案文獻，而沒有翻閱任何教派的內部資料，所

〔註7〕　中華民國一貫道總會（主編）：《一貫道簡介》（臺南：龘巨出版社，1988年）。

〔註8〕　宋光宇：《天道鈎沉》（臺北：元祐出版社，1984年）。

〔註9〕　一貫道一名雖由第十六代祖師劉清虛確立，然而研究一貫道者一致認為王覺一才是真正影響一貫道的開山祖師。宋光宇：《天道鈎沉》與林萬傳：《先天道研究》及王見川：〈臺灣齋教研究之二：先天道前期史初探——兼論其與一貫道的關係〉，《臺北文獻》直字第108期（1994年4月），頁121～167。

〔註10〕　莊吉發：〈「真空家鄉，無生父母」——民間祕密宗教的社會功能〉，《歷史月刊》第86期（1995年3月），頁51。

以才有這種錯誤的印象。因此民間宗教不是沒有自己的經典，而是我們不知道那些經卷、寶卷及其他有關的作品該如何與這些教派對應起來。所以今天能夠看到王覺一的作品，並且藉由文獻檔案與一貫道內部資料，深入了解王氏當時所領導的教派與其宗教思想，對於民間宗教的研究者而言，是相當珍貴的機會，可以一探清末民間宗教的主要神學思想。

王覺一之所以異於其他民間宗教家，在於他對於宗教的體認，建立了完整的神學體系。依西方理論，所謂的神學，廣義而言，就是天主（上帝）的知識，亦即以天主（上帝）為對象的知識，與天主（上帝）自己擁有且又藉著聖寵傳授給人的知識。就狹義而言，神學是研究天主（上帝）之所啓示及人之所信仰，亦即藉著信仰而接受啓示的學問。〔註 11〕以一種較符合民間宗教的說法，神學即是藉著宗教信仰的認知，表達信仰者對於修道終極意義的關懷。這是人類面臨生死時，最迫切的緊要問題。因此神學所要處理的，不是哲學的思考問題，也不是道德的修養問題，而是人由何處來，該歸往何處的生命終極認知。而王覺一所提出修道的最終目的，正是對這種生命終極認知的追尋。因此他在民間宗教史上的意義，亦隨著宗教思想體系的建立及對當今一貫道教義思想的影響而更顯得重要。一位民間傳道者的宗教理念與神學思想，能夠影響當代教派信仰理念百餘年者實不多見，是以研究王覺一的重要性，就此突顯出來。

明清兩代雖有兩百七十多個教派出現，而今大多灰飛煙滅，空留寶卷和教名。我們無法知道這些教派究竟如何運作，唯有王覺一的作品及生平事蹟，以及他所領導的教派仍然流傳至今，使我們有機會一睹民間教派在清末是如何運作與生存。王氏處於民間信仰發展蓬勃的洪流之中，因此他的著述論作更能呈現當時民間宗教信仰的核心，所以研究王覺一的宗教思想更具有特殊的意義。

由於王氏是今天一貫道的開山祖師，舉凡有關一貫道的研究必然提及於他，可是我們對於他的生平事蹟、著作及宗教思想的所知有限，是以開啓了我研究王覺一的動機。再者，自幼全家信奉一貫道，涵養於其中，樂在其間。為自己所遵奉的信仰做教義探源的考察本為本份之事，在使命感的推動下，立志研究王覺一祖師的生平與宗教思想。而本研究的撰述方向，可由下列敘述說明之：

〔註11〕拉徒萊（著）、王秀谷（譯）：《神學——得救的學問》（臺北：光啓出版社，1992 年），頁 19～23。

一、王覺一傳道角色的確立

　　王覺一是一貫道道統體系的第十五代祖師，也是清末東震堂的創始者，這個教派在清代光緒年間的官方文書中稱爲「末後一著教」。這個教派在光緒九年間曾受清廷嚴厲的壓制，由於該教派的傳教區域甚廣，因而一度引起朝野的震撼與注意。對王覺一的角色身分進行勘查者，首推李世瑜《現在華北祕密宗教》。李氏引用周明道《揭破一貫道邪教惑人祕密》一書，內引曾國荃之著作《人種》，誣言王覺一爲義和團總首領。〔註12〕其後鄭燦在《中國邪教源流考》與董芳苑〈「一貫道」一個最受非議的祕密宗教〉〔註13〕輒就此大發議論，群起攻擊。然而這個說法顯然在時間次序上犯了大錯誤，因爲王覺一於光緒十年逝世，而義和團的興起是光緒二十年以後的事，豈可混爲一談？這個說法已遭宋師光宇及蘇鳴東所推翻。〔註14〕再者在曾國荃的著作，並沒有《人種》這本書，可知周明道所引資料的可靠性實有待商榷。不過就群發議論誣陷王覺一身分時，可以清楚看出，他們並沒有以客觀的態度評論王覺一的傳道身分，只是以極情緒化的負面口吻否定王覺一這個民間宗教中的傳教士。

　　目前隨著民間宗教研究的勃興，歷代民間宗教的研究已頗受學者青睞。大陸學者藉著檔案文獻等第一手資料之便，進行對民間宗教的研探。馬西沙、韓秉方合著《中國民間宗教史》就大量使用檔案奏摺，對歷代民間宗教作較詳細的考察。

　　馬氏採用奏摺檔案進行民間宗教的考察，忽略了奏摺檔案的記錄角度都是以官方的立場抨擊民間宗教，甚至要加以掃蕩殲滅。而馬氏等取用這些資料時，並沒有回歸到民間宗教的立場，反而與官方異口同聲，所以在他們的眼裡，民間宗教只是叛亂的農民起義，或者具有政治陰謀的叛亂團體。他們並沒有退出他們的預設立場，重新檢視民間宗教的行爲活動，所以他們認爲王覺一是反叛清廷暴政的領導者，〔註15〕或者具有強烈的反清思想與政治野心者，〔註16〕並

〔註12〕李世瑜：《現在華北祕密宗教》（臺北：古亭書局，1948 年），頁 36。

〔註13〕董芳苑：《認識臺灣民間信仰》（臺北：長青文化公司，1986 年），頁 377～452。

〔註14〕宋光宇：《天道鈎沉》，頁 118；蘇鳴東：《天道的辨正與眞理》（台南：靝巨書局，1983 年），頁 349～353。

〔註15〕馬西沙、韓秉方：《中國民間宗教史》（上海：上海人民出版社，1992 年），頁 1164。根據馬西沙的說法，當年能將一貫道列入此書之章節，乃經過多次的協調與溝通，在中國的出版界中，算是一大突破。

〔註16〕馮佐哲、李富華：《中國民間宗教史》（臺北：文津出版社，1994 年），頁 331。

沒有詳細嚴謹地閱讀王覺一的所有著作，再重新評估這個人，只是一味地以反清抗暴、農民起義、革命等語詞論定王覺一的身分及其宗教活動。

身為一個教派的創始者與領導人，王覺一必有他個人內在的宗教情懷，具有傳道濟世的宗教熱情。因此本研究擬利用臺灣國立故宮博物院館藏清廷《月摺檔》，重新審視光緒九年「末後一著教」教案始末，也利用王覺一傳世的宗教作品重建他傳道者的角色。

二、民間宗教教義思想的部份補遺

民間宗教的教義思想都寫在各教派的「寶卷」及「經懺」上。這些寶卷經懺有一部份被官府銷毀了，有一大部份仍流傳在民間，祕不示人。民國以來，學者又以「俗文學」的角度來看待這些寶卷經懺，完全忽略這些寶卷經懺的宗教意義，殊為可惜。本研究則是設法改正這個奇怪的現象，讓民間宗教回到宗教的行列中去，顯示應有的地位和意義。

《理數合解》是王覺一著作的精華，透過此書可以對「末後一著教」的信仰與教義，稍作涉獵與了解。嘗試了解身為一個宗教家，如何從大傳統的文化脈流中攝取精華，轉化成為宗教上的修道意義，使他們與學術正統的思想家有別，成為落實生命實踐，尋回生命本源的宗教家。

「理天」是王覺一思想中的信仰核心，也是其思想本源的所在。是故若欲認識其宗教理念全貌，必由此核心入手，才能一窺其教義之堂奧，了解其信仰之真義。是以本論文以研究理天為重心，探討清末民間信仰單一教派的教義思想，為民間宗教作一思想教義上的補遺。

第二節　研究資料的釐訂

根據《月摺檔》的奏章所顯示（見下節），王覺一於光緒初年傳道時已著有《學庸解》（或稱《學庸聖解》）、《三易探原》、《一貫探原》、《圓明範格》等書。而目前一貫道道場所流傳的書籍則有《大學解》、《中庸解》、《三易探原》、《一貫探原》、《理性釋疑》、《祖師四十八訓》、《三教圓通》、《歷年易理》、等書。唯《圓明範格》一書無傳，是否後人將此書改名，以致不見該書原貌，或遭清廷焚毀失傳，已不可得知。

目前臺灣所能見到王氏著作較早的版本，為上海崇華堂的複印本，係為

主持萬有善書出版社之周金標先生依原版複印，〔註 17〕嘉義玉珍書局亦有崇
華堂的複印版，〔註 18〕而前者的流通性較廣。

　　民國八十年，林立仁蒐羅王覺一所有的著作，彙編《北海老人全書》，
〔註 19〕付梓臺北正一善書出版社。林氏對早期崇華堂版中的王覺一作品之
文脈不順，義理斷章不明，實爲遺憾。雖然林氏所彙編的書籍有不完善之處，
但對於使用者卻極爲方便，因此除了本研究《理數合解》的版本不採取林氏
的編選，其餘論及王覺一傳道活動，需佐以其他著作做爲論證時，仍擬採林
氏所編《北海老人全書》的文字做爲主要的依據。

一、《理數合解》一書之由來

　　《理數合解》乃竹坡居士於光緒二十一年蒐集王覺一作品，匯集成編，
並爲之命名，編選全書次序，成爲今日所見的面貌。而竹坡居士的生平姓名
今已不可考。

　　竹坡居士擷選王覺一作品，並以「理」、「數」命名，其於《理數合解·
序》言之曰：

> 竊思混沌未開，理無不在；鴻濛甫闢，數無不周。理常而不變，數
> 變而有常，故理曰定理，數曰定數，此固不必解，而亦無可解者也。
> 況乎執中精一，虞帝探理學之源；衍範敍疇，箕子詳數學之目。前
> 人之說備矣，將庸何解？然而不解祇待人之悟，何若有解以釋人之
> 疑。故聖教無隱，性道亦示，諸賢至誠前知，因格可窮百世，是皆
> 以解解之，並未以不解解之也。降及後世，註解愈繁。陸王之書，
> 詳以理而略以數；陳邵之書，詳於數而略於理，亦皆未洞本源，不
> 差累黍，然偏而不舉，滋弊益多。故後之學者，別戶分門，自相刺
> 謬。……識者憂之，甚欲所一編以救正之，而卒乏善本。爰搜北海
> 老人生平所得力以示人者，彙輯成編，分爲四卷。知理之本於學庸
> 也，故學庸爲先；知數之本於大易也，故三易探原又次之；知理不

〔註 17〕萬有善書出版社現已停止營業。然周金標先生爲維護一貫道書籍之長存，不
　　　　惜冒著被政府取締的風險，刊印無數早期來台辦理道務者所攜的典籍，此一
　　　　衛道維護文化的精神令人欽佩，故附誌於此。
〔註 18〕嘉義玉珍書局所出版有關王覺一著作之上海崇華堂版，係筆者於桃園基礎組
　　　　點傳師吳福來（1919〜2008）家所見。
〔註 19〕北海老人爲王覺一的別號。

離數，數不離理；體用同歸，顯微一致也，故一貫探原又次之；凡
以釋理性之疑也；故以理性釋疑終焉。（頁1）

他認爲天地之生乃由「理」、「數」二者結合而成，因此天地的開創、生成，都
有一定的定理與可循的規則。「理」就是生命的原動力與人心內在自發內省的本
能，因此堯舜以十六字心法相傳，藉此展現人生而有之的良知良能，及與天地
同心同德的道心本性，所以理代表天、人之間的契合，萬物之間的互動交流；「數」
則是大自然間的運行規則、軌道，利用宇宙間的運行周期，推衍日月、四時、
節氣變而有常的生生之道，以及宇宙天地的周流循環、相生相剋的自然變化。
故「理」爲體，「數」爲用，體用合一，才足以洞觀天地之大源。

但是他認爲後世學術之流因不能貫徹體用合一之道，致使體用分殊，理數
分途。是以註解雖繁，然而數歸數、理歸理，不能洞見天地造設萬物的全部。
所以言理者雖通達性命義理的意義，卻無法理解宇宙間生成、變化、滅亡的終
始之道；言數者雖能推衍天地循環之道，卻流於讖緯數術而不能洞析生命本源。
由此可見，竹坡居士以爲眞正能夠理解生命者，不可只知體而不知用，或有用
而無體，必須通達體用，由個體見本體，由本體見宇宙生滅，體用兼達才是明
道之士。而王覺一的著作，正是符合了竹坡居士的要求，其中闡明道、數之間
關連，並由理、數貫通生命本源，洞見宇宙生滅終始之道。無論以數解理，或
以理解數，都能夠通達宇宙本體的全面而不偏於一隅。因此他擷選王覺一作品，
做爲認識理、數二者體用合一的讀本，藉此讓人了解何謂理、數合一，體用兼
備。雖然竹坡居士以他對生命的理解做爲選擇王覺一眾多著作的標準以彙編成
冊，藉由王氏的作品表達他對於理、數的觀點。然而他以「理數合解」一名爲
王覺一的著作命名，可以說極能夠符合王氏論著的本意。因爲王覺一的著作正
是以數解理，以理解數，理數、體用兼備，二者合一，以此探討生命的本源、
宇宙的本體，洞達天、人之間密不可分的關係。所以竹坡居士雖然以他的觀念
編輯王氏的著作，但是他以「理數合解」命名，可以說極能夠掌握王氏的思想，
藉此表達他的理念，也彰顯王氏思想體系的核心。

二、《理數合解》版本的選用——以上海崇華堂版爲研究的原典

今日坊間所能見到有關《理數合解》的刊印版本，常見者凡有下列數種：

1. 上海崇華堂原版

較早係由臺北萬有善書出版社按原稿複印出版，今則由板橋市正一善書

出版社發行。

　　此版是臺灣所見到較早的版本，爲一貫道信徒於民國三十四年來臺灣傳道時所用的版本。此版標點錯誤雜陳，斷句間有訛謇，偶有錯字。然而這個版本最能呈現原貌，標點、斷句、錯字的闕誤，不足掩其保持原貌的可貴，故本研究採此一版本爲準。

　　2. 臺中崇華堂於民國七十四年重印

　　將上海崇華堂版重新編排印刷，然僅更改頁數，排序不同而已，上海崇華堂版原有的闕誤，並無改進。此版並刪除上海崇華堂版書末附有的還原圖、五聲八音圖、七十助法圖、廛市圖、澮制圖、溝洫圖，及天頁上的眉批註解，因恐有失作者原意，故不予採用。

　　3. 林立仁編《理數合解新註》，板橋市正一善書出版社

　　林氏礙於舊版之段落、標點不甚理想，故重新整理，加以分段、標點，並將難解的字句加以註解。

　　林氏頗費心力整理，令人欽敬，奈何其將原文以條列式呈現，致使原文脈絡間斷，文氣不繼，其中斷章取義，剖離原文，恐有誤解原意之虞，故勞而少功。此版恐有曲解原著，無法深入主題核心，只作參考之用。

　　4. 慈無量《理數合解淺註》，三德書局出版

　　本版已改進上海崇華堂版的缺點，經文依經義分段標點，不若林立仁氏以條列式離析經文，故無曲解原文之虞。但是爲求經文原貌之完整，故本書雖益多於弊，亦僅供參考，而非全面使用。

　　上述四種版本爲坊間較易尋求之書。上海崇華堂版雖是老舊，但較不失原著之意。對於其中斷句標點之誤，錯字之訛，將自行更正，由於其爲目前研究最佳的版本，故本研究擬以採用。

三、關於〈學庸序〉的作者探討──〈學庸序〉應爲王覺一所作之辯解

　　上海崇華堂版《理數合解》於竹坡居士的〈理數合解序〉後，載有〈學庸序〉一文（即〈大學解〉正文前的一篇序文），篇末署「光緒二十一年陽月中浣之吉。」與竹坡居士所作的〈理數合解序〉係爲同一年次，是故編書者

都以爲〈學庸序〉是竹坡居士所作，〔註20〕然而參研再三，〈學庸序〉的撰述口吻極似《理數合解》正文內的寫作語氣，因此〈學庸序〉恐怕是王覺一所自作，而非竹坡居士所撰，理由如下：

（一）竹坡居士擷選王覺一的著作精華，並爲之命名，彙編成冊後爲全書的內容作一總序，可無庸置疑。他已闡明搜尋王覺一著作的因緣，既已爲全書作序，何以又作〈學庸序〉？若欲爲單篇作序，何以只撰〈學庸序〉，而沒有爲〈三易探原〉、〈一貫探原〉、〈理性釋疑〉三篇另外撰寫單篇序文？如果竹坡居士想爲全書每一篇主題作序，則書中不應只出現〈學庸序〉。由此推測〈學庸序〉恐非竹坡居士所作。

（二）〈大學解〉、〈中庸解〉應爲同一時間的作品。據清廷檔案所示這二本書在當時合稱爲〈學庸解〉（〈檔九〉、〈檔十〉）或稱爲〈學庸聖解〉（〈檔十二〉），所以竹坡居士才說：「彙輯成編，分爲四卷，知理之本於學庸也，故學庸爲先。」由此猜測〈大學解〉與〈中庸解〉雖分爲二篇，但當時發行時應合爲一冊。是故王覺一才有〈學庸序〉的撰作。

〈學庸序〉應是王覺一在〈大學解〉、〈中庸解〉之後所作，並且是這兩篇論著思想的縮影，所以他在序言中說「愚於是不揣固陋，因中庸之天性，大學之明德，闡明理天、氣天；爲理性、氣性、人心、道心之所出，不令後之學者生漫無入手、望洋而返之歎。」（序頁3），又於篇末言「此學庸二經之所以解也。區區管窺，未知是否，如有高明，乞賜指教。」（序頁5）這樣的寫作口氣應該語出作者而非代序者之言，由此判斷〈學庸序〉爲王覺一所作無誤。

（三）由序言與〈大學解〉、〈中庸解〉二篇內容相應照，則語多同出者如下：

1. 〈大學解〉、〈中庸解〉闡明理天、氣天、象天之不同，而序文亦復如是。〈大學解〉言「天有理天、氣天、象天之分；故性有理性、氣性、質性之別；而心亦有道心、人心血肉之心之不同。」（頁1），這段文辭與上段引文頗有相似之處。

〔註20〕林萬傳：《先天道研究》，頁1～189；《一貫道簡介》，頁37認爲〈學庸序〉爲竹坡居士所作。林立仁彙編《北海老人全書》，慈無量：《理數合解淺註》，臺中崇華堂版《理數合解》等，皆依上海崇華堂版編印，以〈學庸序〉爲竹坡居士所作之序文。

2. 王覺一擅以河圖具有仁、義、禮、智的屬性說明理,〈大學解〉則云「理本無象,天現河圖以現之。」（頁 1）,序文言「斯解言理必本於河圖」（序頁 3）,語意相應。

3. 以氣天的氣質之性,說明人的壽夭窮通智愚賢否的差別,是王覺一氣天心性論的重心。序文說「太極陰陽,四象八卦,三百六十五度四分度之一,一周之流行氣天,又復參之以星辰日月吉凶之性,以及旺相休咎生剋制化,萬分不齊之所以然,天氣如何分之與人,為氣數之命。人何以得氣天之所命者,為氣質之性,以究壽夭窮通智愚賢否之所由來。」（序頁 4）這段引文與〈三易探原〉所說,二者語若同出,他說:「自一氣分為兩儀,陰陽剖判,兩儀分為四時,由四時分為八節,由八節分為二十四氣、七十二候、三百六十五度四分度之一,候候之氣味不同,度度之宿性各異,人物皆稟此而生,生時不同,度宿迥異。故類有貴賤大小,人有壽夭窮通、智愚賢否,亦氣之使然也。」（頁 44）這二段的敘述皆說明人之所以呈現的差異在於所稟受之氣的不同而呈現不同的氣貌,敘述方式雖然有異,然而旨趣相同,仔細參研可探查應出於同一人的筆法與思維觀念,據此則可以確實〈學庸序〉為王覺一所作無誤。

根據以上的推論可以證明〈學庸序〉非竹坡居士所撰,而是王覺一所作。可以推測引起眾人誤解之處,應該是〈學庸序〉末署的「時光緒二十一年陽月中浣之吉」,屬於排版上的差誤而導致後人的誤解,若閱之者不察,必然以訛傳訛,無法回復本來面貌。

至於〈學庸序〉末所署名的年次,筆者推測應置於全書之末,亦即頁 135「理數合解終」之後,再署「時光緒二十一年陽月中浣之吉」。如此既可以釐清原來的誤解,使〈學庸序〉的作者真相大白,也符合竹坡居士將《理數合解》付梓的年次。

第三節　研究方法

就整個學術研究的成果而言,傳統的學術思想研究頗為可觀。先秦諸子哲學、兩漢經學、魏晉玄學、宋明清理學以及清代的漢、宋之學,皆受到學術界的重視,因此研究成果極為豐富。

反觀民間文化的研究,則在重視大傳統的研究熱潮中被忽視了,民間教派的教義內涵更是乏人問津。直至近幾年來民間宗教的研究受到重視,才漸

漸受到學者的注意。然而如前所述，泰半學者只重視民間宗教的發展、演變及其社會功能，鮮少由教義思想著手，深入其信仰的核心。而本研究即欲彌補這個缺憾，爲使預訂目標之達成，在研究方法上本論文擬由下述方向進行：

一、臺灣故宮博物院館藏《月摺檔》的運用

關於王覺一的生平、及其宗教活動，光緒九～十年的檔案奏摺提供了第一手資料。其中記載王覺一教派者活動共計十則，這些記錄收藏於臺灣故宮博物院圖書館的《月摺檔》之中。在當時參與此一教派緝捕圍剿的主事者有左宗棠、曾國荃，這些奏摺記錄被後人收錄於《左文襄公全集》奏稿卷六十、卷六十一及《曾忠襄公全集》奏議卷二十二、卷二十四之中，〔註21〕其中左宗棠奏稿記錄王覺一教案活動共計五則；曾國荃有二則。在這些奏摺檔案中，光緒九年四月二日《月摺檔》的記錄與左宗棠於光緒九年三月二十五日的奏摺是同一篇，總覽這些記載王覺一教案的文獻資料共計十三則。今將這些奏稿取錄本研究所需的檔案，依照奏摺時間先後並爲之編號如下：

> 檔一：光緒九年三月二十五日，左宗棠、慶裕、衛榮光〈拏獲教匪訊辦飭屬搜捕摺〉。(《左文襄公全集》卷六十，與光緒九年四月二日《月摺檔》同）
>
> 檔二：光緒九年四月十一日，涂宗瀛、彭祖賢〈奏爲湖北武漢地方教匪潛謀起事、先期拏獲首要各犯，訊明懲辦，現在綏靖如常，謹將大略情形恭摺由驛具奏〉。(《月摺檔》)
>
> 檔三：光緒九年五月九日，祥亨、穆克德布〈奏爲恭摺〉。(《月摺檔》)
>
> 檔四：光緒九年五月二十日，蕭晉蕃〈奏爲地居衝要，伏莽潛茲亟需調度得人，以遏亂萌而固民志〉。(《月摺檔》)
>
> 檔五：光緒九年五月二十日，涂宗瀛、彭祖賢〈奏爲教匪潛謀起事，案內究出首要各犯，續經拏獲多名，一併審明懲辦〉。(《月摺檔》)
>
> 檔六：光緒九年八月二日，左宗棠、慶裕、衛榮光〈拏獲教匪分別

〔註21〕左宗棠：《左文襄公全集》（臺北：文海出版社，1964 年）；曾國荃：《曾忠襄公全集》（臺北：成文出版社，1969 年）。

懲辦摺〉。（《左文襄公全集》卷六十一）

檔七：光緒九年九月三十日，卞寶第、彭祖賢〈奏爲匪犯怙惡不悛，
　　　請旨即行正法，以弭彼後患〉。（《月摺檔》）

檔八：光緒九年十一月十一日，左宗棠、慶裕、衛榮光〈續獲教匪
　　　訊明分別定擬摺〉。（《左文襄公全集》卷六十一）

檔九：光緒十年三月三日，鹿傳霖〈奏爲訊明前獲教匪分別懲辦恭
　　　摺具陳〉。（《月摺檔》）

檔十：光緒十年五月二日，曾國荃〈續獲匪犯正法疏〉。（《曾忠襄公
　　　全集》卷二十二）

檔十一：光緒十年八月十九日，曾國荃〈續獲教匪分別議擬疏〉。（《曾
　　　　忠襄公全集》卷二十四）

檔十二：光緒十年九月三十日，孫毓汶、烏拉布〈奏爲查明撫臣被
　　　　忝各款恭摺〉。（《月摺檔》）

檔十三：光緒十年十一月二十日，孫毓汶、烏拉布〈奏爲覆審重案
　　　　訊有確供，先將逐細研究情形，縷晰具陳〉。（《月摺檔》）

以上乃將光緒九年～十年間關於王覺一教案的奏稿編號，以便於行文中撰寫
之要。這些檔案資料皆爲清廷官方記錄，在明清的律法中，凡民間教派的行
爲活動皆被視爲邪教，也就是反政府團體。是以這些檔案奏摺都以謀變叛亂
的角度看待王覺一教派的行爲，而本研究即利用這些原始資料，仔細考察這
個教案的發生始末，並且回歸傳道者的態度，重新檢視此教案的發生，給予
王覺一角色身分新的詮釋。

二、程朱理學觀念的切入

　　程朱理學影響中國思想近千年之久，有人認爲面對風俗道德的墮落，唯
有提倡程朱理學的道德實踐，才能挽回社會風氣、道德良心。清潘德輿曾說：
「欲救人事，恃人才；欲救人才，恃人心；欲救人心，則必恃學術。」〔註22〕
他所謂「恃學術」即指依靠程朱理學，可見程朱理學對學術思想界影響之深。

　　理學雖有程朱、陸王之分，然而王覺一對於理的觀念主要是承襲程朱的
思想，他對於道統傳承的解釋，就是以程頤一派做爲堯舜等聖人的繼承者，

〔註22〕潘德輿：《養一齋集‧與魯通甫書》卷22（臺北：文景出版社）。

他說：「迨至炎宋受命，五星聚奎。文運天開，希夷首出，濂洛接踵。濂洛之後，厥有龜山；龜山之後，繼以豫章，及至延平，道傳朱子。」（〈理性釋疑〉，頁 130）可見得他也認為程朱一派才是理學的正統，所以他對於理學的觀念亦以程朱的主張做為標準。

理學在中國長期受到重視，其影響所及並不只是學界或知識分子，理學家所揭櫫的道德理念一直在人們日常生活中傳衍，即使是鄉野小民也深受影響，尤其是明清民間宗教的教義思想的啓發。

理學對民間教派的影響是普遍性的，明清民間教派的教義內涵就是在理學本來所具有的宗教本質中發展起來。一般而言，學術界較重視理學的哲理層面而忽略了其所涵具的宗教意義，民間宗教則在理學的宗教義涵中大加發揮。因此今日所見到的許多明清宗教遺留的寶卷中，明顯的具有理學家對於宇宙本體的詮解，而王覺一就是在這樣的宗教思潮中發展他對於修道的認知。

因此理學對於明清民間宗教的影響是全面性、普遍性的，只是大部分的教派多已湮滅不彰，所以藉著《理解合解》的探討，可以對民間宗教發揚、轉化理學所具有的宗教內容加以認識。

在清代程朱理學依舊以「正學」位居學術思想的正統，晚清時期理學再度受到提倡鼓勵。經歷了嘉慶、道光時期的崛起，咸豐、同治時期的中興，〔註23〕程朱理學可謂蓬勃發展，受到朝野與學術界的重視。王覺一生於晚清理學發展蓬勃之時，深受影響自不在話下。他接受理學中理、氣的觀念，並加以轉化，融入三教經義成為他個人的獨到的見解。他的思想理念乃由理學的「理」觀念為基準點，開衍成為一家之說，並將思想家「理」的觀念轉化成為宗教家之說，視之為修道的最高境界，是三教聖人共同追求的最高目標。他將思想學術界「理」的觀念，衍化成為宗教上修持之理，所以他對理的觀念雖承襲程朱，但是仍然有所創造發明。

三、神學（宗教思想）角度的導入

王覺一是民間宗教傳道者，因此他的著作注重在對於其信仰核心的闡述與表達，所以他的論述重心不在哲學上的邏輯思考，而是修道終極目標的追尋，以及人為什麼要修道等宗教問題的詮解。因此他所重視的是修道人如何

〔註23〕史革新：《晚清理學研究》第 1 章〈晚清理學概述〉（臺北：文津出版社，1994年），頁 5～41。

到達終極實體？如何脫離生死輪迴？如何躲避宇宙收圓的劫難？以及如何成為儒者所謂之聖、釋者所謂之佛、道者所謂之仙的最高修道境界。

因此研究民間宗教的教義思想，不能停留於傳統哲學的思考方式，必須契合民間宗教家的原始本意，探討其宗教的本質，研析其教義內涵與宣揚的宗旨，這樣的研究態度，才能回溯傳道者的本意。若囿於傳統思想的研究角度，侷限民間信仰的教義理念，則必不能真正深入的認識民間宗教，了解民間信仰的教義與內涵。職是之故，本研究除了以傳統哲學思想作為王覺一思想觀念的探源，對於他所闡揚的教義思想與宗教理念，則回歸宗教思想的脈絡，不囿限於正統學術之說。是以本研究對王氏思想的闡發較著重於他如何以一位傳道者的身分看待「人」的問題？他如何探討人類的性命本源？人類在於整個宇宙世界的定位與價值？為什麼人類無形的性理原靈會降生於繁華世界？以及降生後因不能正視性命本源，導致不斷的輪迴生死，迷不知返根源，如何體認天人一體的本來面貌，以及應該如何修煉才能回歸原靈的境界，找回人的自性根源，與天體同存，達到人生圓滿且生命不滅的最高境界。這些關於人的原靈問題，正是宗教家所要處理的重要課題。因此本論文對於王氏的研究，乃就這些宗教上處理人的問題加以發揮，而不只是停留在程、朱理學的思考範疇，嘗試由宗教人的思想理路與宗教體驗，解讀王氏的宗教思想與信仰核心，深究其宗教理念的主旨思想，所以神學角度的切入可說是本論文撰述的重心。

第四節　預期目標

竹坡居士將王覺一的著作精華擷集成冊命名為《理數合解》，顧名思義，若欲探求王覺一宗教思想的整體，必須洞悉其中義理思想，以及熟稔卜筮的數術之學，二者得兼才可謂真知而不執一隅。是以竹坡居士說：「言理者遁於寂滅之鄉，言數者流於讖緯之學。」（《理數合解・序》，頁1），因此學者必須將理、數合參起來研究，才能洞見本源。

然而《理數合解》一書博大思精，在數術易理方面雜揉了《易經》占卜之學與民間河圖、洛書的排列，集諸家之術而加以推演卜算。此一方術之學非朝夕可成，是以本論文的研究核心將置於「理」的研探，並將重心集中於王覺一宗教思想本體根源——理天的研究，探求其宗教思維的本來面目，本

論文預期的研究目標敘述如下：

第二章　王覺一生平及其教案析探

想要了解一個人的思想，必須先對此人的人生經歷做一番認識。因此本研究將王覺一的生平考述列為本論首章。這一章係借助故宮《月摺檔》的資料，對於其教派的成立與發展做合理的推測，以及他如何成為一方之領導者。並且對於光緒九年王氏領導的教派所發生的教案始末，作一較詳細的釐析，並由此一分析中重新檢視王覺一的角色定位。

第三章　王覺一對「理」觀念的承襲與轉化

本章乃追溯王氏思想的啟蒙根源，探討他對於「理」觀念的承襲，並且解析他對「理」的詮解與所賦予的意義，為下一章的主題作引子。

第四章　理天析探

本章乃承上一章的敘述觀念，探討王氏理論的核心主旨，撰述理天在他思想體系中的重要性，以及他如何傳承理學思想，轉化思想家思考範疇中「理」的觀念，並且由此而開展的宇宙論與心性論。身為民間宗教的傳道者，如何來看待這些問題，如何由此問題觀攝宇宙的整體與主宰，本章擬由此探討王覺一的理天思想。

第五章　理天在宗教上的意義

如何呈現理天修道上的意義，才是王覺一思想的關鍵所在。他如何在整體思想中展現人生的終極目的與強調宗教修煉的意義，亦即討論宗教人修道的最後目標及尋探回歸人的根源處，本章擬就扣緊宗教意義以探討理天主體的核心。

第六章　結論

將本論文所作的研究結果，作一綜合性的討論，並敘述王覺一思想對一貫道教義的影響，以及王覺一做為主題所開演的研究展望，總結王覺一在民間宗教史的價值與意義。

　　本研究乃就單一教派的宗教思想做為論述的重心，以微觀的角度探討清末「末後一著教」的發展與興衰，藉由對王覺一宗教思想的研析，深入了解民間宗教家如何由對生命的體驗以致創教、傳道、渡人，進行所謂「普渡眾生」的天賦使命。

　　王覺一是清末民間教派中的重要人物，因此藉著對於其著作的探討，可

以就民間文化與正統思潮之間的互動交流作一省思與檢討。一般而言，思想界所重視的多以知識分子的論著做爲依歸，鮮少注意由學界所帶動的理論思維對於民間文化的影響。因此藉由對王氏的研究，正足以開啓正統學術思潮對於民間文化影響的有力證據。可知對於王氏教派及其宗教思想的個案研究，實可以由此認識民間教派如何運用正統學術界上的觀念，轉化成爲適合民間社會並且能夠被廣大民眾所接受的大眾文化。

　　因此本研究的預期目標，乃就明清民間宗教的發展肯定王覺一在民間宗教史上的地位。並且藉由王氏對於程、朱理學的傳承與轉化，解析中國正統思想對於民間文化的影響，以及民間宗教人如何吸收轉化，他們如何借用正統思想的固有名詞，轉化成爲傳道時的特定意義，以及他們如何以民眾易於理解的方式解讀傳統思想的某些觀念。而王氏吸收傳統觀念並加以轉化成爲宗教上的觀念，正是本文所欲論述的主題。而此一主題的研究，無論對於民間宗教史的研究，或是傳統思想對於民間文化影響的認識，都極具價值與意義。

第二章　王覺一生平及其教案析探

　　王覺一又名希孟、養浩，原名學孟，覺一乃爲道號，又號北海老人，山東青州益都縣城東北八里闕家庄人，〔註1〕約生於道光十年（1830）前後，卒於光緒十年（1884）三月。〔註2〕三歲喪父七歲亡母，幸蒙族叔收養，自幼貧困受雇於劉府牧牛維生。雖生在蓬蓽之家，欲沒有因此而失學喪志，他自孩提之時便深慕聖人之學，雖然家貧無力從師，但仍不忘以自學的方式，廣泛涉獵聖人之學，以三教聖人的性命之學作爲他學習的目的。由於他自幼的求學態度不同於世俗追求功名利祿的學習心態，此一特質致使他日後走向立教傳道之途，成爲清末民間教派的一方領袖。他所皈依的教派，當時稱爲「先天道」，〔註3〕以下

〔註1〕王氏的名字別號與籍貫，《月摺檔》（〈檔十一〉、〈檔十四〉）、《一貫道簡介》，頁 36、《奉天承運普渡收圓正宗道統寶鑑》，頁 31（簡稱《道統寶鑑》）的記載一致，並無分別。而釋妙宏：《天道眞傳》與李世瑜：《現在華北密祕宗教》則認爲王覺一是聞香教主王森的後代，他們的說法屬於妄加揣測，沒有根據，因此這個說法已遭宋光宇：《天道鉤沉》，頁 117；與蘇鳴東：《天道的辨正與眞理》，頁 349 所推翻。

〔註2〕關於王氏的出生年，歷來學者推測爲道光元年。然而筆者根據《月摺檔》的資料顯示，應爲道光十年前後。筆者的推測如下：〈檔十一〉顯示，王氏於四十歲後開始展開傳道活動。據林萬傳：《先天道》的調查，同治四年先天道分裂（頁 1～151）被稱爲一貫道第十四代祖師的姚鶴天於此時自立門派。姚氏乃王氏的老師，因此在同治四年至同治十年前王氏不應自立教派，稱師做祖。由此可知他立教獨立一派應爲同治十年後之事，應證〈檔十一〉王氏於四十歲後開始立教傳道推算其出生年次，應於道光十年前後。

〔註3〕宋光宇：《天道鉤沉》，頁 22；與林萬傳：《先天道研究》第七章根據《臺灣省通志》宗教篇考證，發現先天道一貫道的祖師於十四代祖師之前係屬同一支脈，於是推論二者之間關係密切，或認爲一貫道即是先天道系統的分支與流衍。

簡單的說明先天道的由來,以及對王氏的生平事蹟作一介紹。

第一節　青年訪師求道──兼論先天道的發展與分裂

一、先天道的發展與分裂

　　清順治年間,先天道尊稱的九祖黃德輝在鄱陽湖畔正式創立先天道,其間歷經十祖吳紫祥,十一祖何若,至十二祖袁志謙因傳教而被充軍至貴州,隨後在貴州大展鴻圖。袁氏於道光三年（1823）在四川成立西乾堂,並以此為中心向全國各地開展道務。此後人才輩出,漸漸風行大江南北。〔註4〕道光六年（1826）楊守一、徐吉南接繼十三代祖,道光八年（1828）楊、徐二人為官府所殺,袁志謙又被清廷緝捕充軍,袁祖無奈再度復出掌管道務。道光十四年（1834）袁志謙壽終,將道務交由五行掌理。五行乃依金、木、水、火、土的排列,是先天道內部的掌權人物。五行即火精祖陳玉賢道號依精、木成祖安依成、土道祖宋土道又號依道、水法祖彭德源字超凡道號依法、金秘祖林芳華道號依秘（木姓蘭,因躲避清廷緝捕改姓林）。「五行」這個名號是嘉慶十三年（1808）設置,主要職務是在總堂輔佐祖師協辦道務,由仙佛扶乩選任或委派祖師,在先天道的歷史上僅十二、十三祖時設立。〔註5〕

　　道光十四年之前,先天道以袁志謙的西乾堂為主,雖然徐、楊二祖相繼去世,但是仍以袁氏的掌管為中心。隨著袁祖的去世,群龍無首,派系分陳,各自為政,結束了袁氏時期統一整合的局面。

　　根據林萬傳的研究,五行掌道時期先天道內部已開始分裂局面,先有周天元、葛依玄亂道（俗稱周葛派）,與五行互爭正統,〔註6〕這樣的現象,說明了隨著袁氏的死亡,先天道內部龍象輩出,彼此不服,派系蜂起的混亂局面。道光二十五年（1845）陳火祖、安木祖、宋土祖相繼被當局逮捕身亡。咸豐八年（1858）彭水祖也了道歸西,只剩金秘祖獨撐。而王覺一開始與先天道有信仰上的關係則開始於水祖末期與金祖掌道時期。

〔註4〕林萬傳:《先天道研究》（臺南:靝巨書局,1986年）,頁1~150。

〔註5〕《道統寶鑑》（板橋市:正一善書出版社,不著年代）,頁35~38。以及同註4,頁1~125、132、133。

〔註6〕《出世必要,明旁門第十七》（嘉義:玉珍書局,不著年代）,頁49。及劉心皇:〈中原的祕密宗教〉,《國立編譯館館刊》第7卷第1期（1979年）,頁282。

二、青年的求道時期

　　王覺一何時開始步入修道之途，史料付諸闕如，關於他的習道過程，〈一貫探原〉中有一段簡略的記載，他說：

> 余也生長蓬蓽，竊不自揣，自童子之時，即深慕聖人之道，以爲可
> 學而至，奈家貧親老，無力從師，不得已取往聖之遺編，吟詠揣摩，
> 十餘年來氾濫涉獵，未獲適歸。至二十七歲蒙洱東萬春劉師之引進，
> 得山西姚師鶴天之指示，入室靜坐，涵養本源，由定靜而悟大化，
> 始知心源性海，三教合轍，登峰造極，萬聖同歸。（頁 107）。

根據這段自傳式的告白可知王氏年輕時雖家境貧窘，無力從師，但是他追求真理的熱誠並未減退。於是隨意閱讀先賢的典籍著作，仍然不明白真正的「道理」，無法洞悉性命之大源，體悟性理本體，因此雖博覽群經，內心仍然無法體悟道體與獲得心靈上的平靜。一直到二十七歲時，經過劉萬春的引介，接觸山西人姚鶴天所傳的先天大道，才有所領悟，加以他之前所遍讀的三教經典，對於先天道所傳三教一理的性理心法，更是體檢深刻，融會貫通，未歸依求道之前王氏的群經知識，使得求道後王氏的體會更加涵融，達到宗教認知與知識統攝的高峰。因爲姚氏的引導使他洞達人性本源，明白三教聖人所傳本爲一體，所言皆是教人認識自性本源，修煉自性達到與天理同體不分的至高意境。由於劉萬春的引進與姚鶴天的指導，王氏開始以先天道的修行方式修煉，達到他所要追求的道體真理，是以日後他闡述教義時不忘宣揚尋訪明師的重要性，自此後他便踏上了傳道的宗教生涯。

　　王氏進入先天道的時期大約於咸豐七年（1857）前後，正是先天道內部分裂的時期。咸豐八年（1858）五行林依秘接掌先天道道務，根據「圓明堂」的文獻記載，同治四年（1865）林依秘了道歸西，將道盤遺交其三兄弟蘭陵三執掌，先天道系統將蘭陵三接掌道務謂之「冒盤」，即非真祖師之意，故稱林依秘爲真金而蘭氏爲假金。自假金接掌道盤後，道眾懷貳紛紛扶乩尋主。〔註7〕故在此時曾子評脫離先天道創辦圓明聖道，又有黎國光及姚鶴天稱十四代祖，自立門戶。〔註8〕先天道隨著內部主要幹部的去世，其分裂瓦解的局面已成既定的事實。關於這段先天道分裂的記載，《道統寶鑑》與圓明堂的資料有異，前者稱林

〔註7〕　劉心皇：〈中原的祕密宗教〉，頁 282。
〔註8〕　林萬傳：《先天道研究》，頁 1～151。

依秘亡於同治十三年（即假金死亡之年），將道盤交給義女素玉、素陽二人，因眾人不服，遂以湖廣陝等省為據點，創辦西華堂；而余道龍、謝道恩、韓道宣等則創辦三華堂，與玉、陽二女互爭正統。

　　若根據同治四年道盤分裂的情況分析，則恐怕「圓明堂」的史料較為可信。因為今日見到的先天道系統所存留文獻資料，對於金祖林依秘的評論依然十分景崇，列入祖師之名。故曾子評、黎國光、姚鶴天等人不應在林依秘在世時即另立門戶，應於林依秘逝世後因不滿道盤的承交而另創教派。而日本學者淺井紀的研究中確有蘭陵三這個人，〔註9〕可見「圓明堂」的資料記載並非空穴來風。王覺一在《歷年易理》則說金祖將天命密受玉、陽二人，稱三華堂謝、余、韓乃「三魔亂道」，〔註10〕並沒有釐清林依秘與蘭陵三的關係，史料闕如，只知王氏與西華堂應屬同一派系析分而出。由於先天道自袁志謙後不斷地分裂，尤其五行歸西後更是派系紛陳。而王覺一跟隨姚鶴天佈教傳道，在姚氏歸空後回到山東，自立教門，開展屬於他個人人格特質的傳道活動。

第二節　中年立教傳道

　　王覺一在桃鶴天歸空後回到山東家鄉，自立教門，此後便開展他日後的傳道生涯。

一、末後一著教的創立

　　王覺一開始大力推展傳道渡人的宗教活動，應於他獨立創教之時，根據《月摺檔》的記載，他所創辦領導的教派稱為「末後一著」。〈檔一〉云：

> 王覺一即王養浩，又稱王古佛，山東人。稱係古佛降生，手掌有古佛字……倡立邪教，名為末後一著。

〈檔六〉言：

> 山東人王覺一即王養浩，倡立末後著邪教名目，傳徒惑眾。

〔註9〕淺井紀：《明清時代宗教結社の研究》（東京：研文出版社），頁391之「先天大道道統圖」。

〔註10〕林立仁：《北海老人全書》之《歷年易理・章帖》（板橋市：正一善書出版社，1991年）。

〈檔九〉云：

> （高勤）……拜王覺一為師，學末後一著教。

〈檔十〉則說：

> 王覺一即王希孟，又名王養浩，在家賣卜，持齋有年。四十歲後，
> 因見左手掌紋形似古字，即自稱古佛降生。並言夢見菩薩令其傳道，
> 當即設立教名，始稱先天無生教，後為末後一著教，勸人入教持齋。

由以上奏摺所記載的資料可以發現。王氏雖在二十七歲追隨姚鶴天修煉，但僅止於個人的修行與跟隨姚師佈道，未有立教獨立門戶之心。直至四十歲之後因左手出現古佛紋形及菩薩透過扶乩令其傳道的宗教啟示，方起另立教門廣開傳道渡人之心。因此他的立教動機，可歸之於個人的宗教體驗及信仰上的顯化與仙佛的感應啟示。是以在同治十年（1871）前後他才有立教之舉，《歷年易理》末附的〈純陽辛未年判云〉的扶乩之文提供了王氏創教之年的有力證據，其言：

> 一十一數不錯姓氏還要細思量……前言的一十一切牢牢記心傍……
> 黃公黃老一祖家，一十一數是根芽，一十一數一土，同是一姓方不
> 差。黃老黃色非為姓，土老最尊盡天涯，君問土老在何處，不遠不
> 近就是他。

辛未年即是同治十年，這段乩文所說的一十一姓與一土，意味未來掌道盤天命者姓「王」，王氏極可能利用類此乩文創立教派。由此可以推測他在同治十年後（即四十歲之後）在姚鶴天的基礎下另立教派獨立一教，成為末後一著教的創始人與領導者。

由〈檔十〉可知其初設教名「先天無生教」的稱號中，似乎受《古佛天真考證龍華寶經》（簡稱《龍華寶經》或《龍華經》）及先天道經典《皇極金丹九蓮正信歸真還鄉寶卷》的影響，但日後改稱「末後一著教」，可知「末後一著」一詞對於王氏立教傳道更具宗教實踐的意義。〔註11〕

「末後一著」多見於《龍華寶經》、《皇極金丹九蓮正信歸真還鄉寶卷》及《九蓮經》中。從各經所說的「末後一著」多與「龍華三會」、「無生老母」

〔註11〕據〈檔十三〉記載，同治十年前即有類似末後一著教之教派，筆者懷疑極可能是姚鶴天一派的先天道分支。

信仰密切配合。〔註 12〕由此推測「末後一著」乃結合了民間宗教之收圓與龍華三會的救劫思想。

「收圓」是明清民間宗教常見的名詞，或謂收圓即收人，意味普渡有緣眾生，齊赴彼岸，同享無極之樂。〔註 13〕然而收圓的意義亦謂劫難來臨，宇宙即將毀滅而回歸混沌的本來狀態，因此上天急降大道救渡眾生脫離末劫降臨時的苦難。龍華三會則爲彌勒信仰的擴延，流行「三世」、「三佛」、「三陽」的劫變思想，〔註 14〕預言彌勒佛將於末劫前降生，拯救眾生脫離災劫之苦。因此「末後一著」意味此一元會傳道的最後一場救人的聖業，〔註 15〕結合了末劫與救人脫劫的宗教思想。由於「末後一著」乃是最後一場渡人救劫的傳道使命，在此觀念下，王氏領導的教派明顯與其他民間教派有所不同，因爲其他教派的經典中雖有末後一著之詞，然而並不了解其義涵或加以運用。但是王氏則擅用此一名詞的含義，〔註 16〕說明末後一著是上天最後一次的救人渡劫的聖業，所以此

〔註 12〕 《龍華寶經》類似「末後一著，同赴龍華三會」（〈戊巳安身品第十〉）之語有十四見，《九蓮經》則多有「末後一著飯家去」（〈玄眞證道品第八〉之語，《皇極金丹九蓮正信歸眞還鄉寶卷》亦多見「末後一著，朝源認母」（〈天眞證品第八〉）之言。

〔註 13〕 馬西沙、韓秉方：《中國民間宗教史》，第 21 章〈收元教、混元教的傳承與演變〉（上海：上海人民出版社，1992 年），頁 1261。馬氏對於收圓的理解只停留於普渡眾生，廣渡有緣人的傳教義。筆者認爲，這樣的詮釋尚不周全，應再與「末劫」的觀念密合，才能突顯民間宗教重視收圓的意義。

〔註 14〕 明清民間宗教乃將此三思想雜揉爲一。將宇宙時空分爲過去、現在、未來三世。或分爲青陽、紅陽、白陽三期。過去係燃燈佛掌天盤（青陽），現在是釋迦佛掌天盤（紅陽），未來則由彌勒佛掌天盤（白陽）。

〔註 15〕 夢湖：《性理釋疑選讀小註》（嘉義：玉珍書局，1994 年），頁 49。

〔註 16〕 王覺一對「末後一著」的詮解，正是在末世思想與救劫理念的承傳中，開展傳道渡人的志業。因此對「末後一著」有獨特的見解。在他的著作中多有闡述，《三教圓通》即另立一章專論「末後一著」要旨，《祖師四十八訓》有五條談及，《歷年易理》之〈白陽聖訓〉亦有專論。是以王氏對於此一名詞的闡述可有下列的義涵：
1. 末後一著乃末劫時期應時應運的傳道法，斯道非時（末世時期）非人（有緣人）不傳，乃爲「發前聖未發之秘，啓上古不明之理」（《三教圓通》，頁 79），此爲上天拯救紅塵佛子而降的眞理大道，故曰「末後一著，末後方傳這一著」（同上，頁 77）。2. 末後一著是會通三教的修煉心法，歷代聖賢仙佛所修行達本還原、明心見性的不二法門。故云「末後大道，會三教而歸一，合萬法而不二」（《祖師四十八訓》，頁 43）、「末後大道，悉本於三教聖經爲入手」（同上，頁 71）。3. 末教一著係明師親授躲避生死，了脫輪迴的至聖眞理，故言「末後一著，即一指躲閻羅之法限」（同上，頁 49）、「點出智慧通天眼，露出金剛不壞身」（《三教圓通》，頁 79）。從他對末後一著的認識，可知在他的理解中，末

一名詞的號召力因而響亮，故在短短的幾年之間「末後一著教」已傳遍全國，風行大江南北，並且成為具有嚴密組織的民間教派。〔註17〕

二、接掌祖師之位與東震堂的建立

同治十年前後王覺一創立「末後一著教」開始擴展其傳道渡人的宗教生涯，此時正是先天道內部分裂的時期。尤其同治十二年金秘祖去世，天命的承傳分為兩派：一以素玉、素陽為中心的西華堂；一以余道龍、謝道思、韓道宣為主的三華堂。正當先天道內部分裂之時，王氏所創辦的「末後一著教」正急速地發展，至光緒三年接掌道統中的祖師之位。

根據《道統寶鑑》記載，金祖掌道盤時曾有囑咐，自徐、楊二祖之後「只稱代（師）不稱祖」〔註18〕然而《歷年易理·章帖》卻說：

> 袁十二祖現身謂金祖曰：二十（即王）臨凡把道辦，十五代祖掌道
> 盤。開荒數已滿，天盤不必下交，暫交素王、素陽，暫掌五年。待
> 至丁丑，彌勒出世東震，纔能收圓。

由這段記載可知王覺一並沒有遵從金祖的指示稱師或稱代，依然稱為祖師。或許自同治四年起，他隨姚鶴天已脫離先天道核心系統，所以不必遵從金祖的指示，再者他以袁志謙降乩臨壇的扶乩指示，做為他接掌祖師的有力證明。

後一著代表著普渡眾生、拯救原靈、修煉自性的意義，此為劫難來臨前的救劫與傳道聖業，不再只是停留於宗教信仰上的真諦，更具有展現其信仰實踐的熱誠及生命自我實踐的意義。

〔註17〕根據〈檔十〉的資料顯示，末後一著教內設九品名目「一品眾生，二品天恩，三品正恩，四品引恩，五品保恩，六品頂行（一作航），七品十果，八品十地，九品蓮臺」。可知在王氏的領導下，該教的組織結構力很強。由其所設的品級職層中，可知他仍受先天道的職級所影響，並將之改善，層層負責，進行普渡眾生的傳道工作。

此一職級系統至十七代祖路中一少有更改，路氏門下八大領袖郝寶山（鎮荊）所著：《一貫佈道大綱》也將職級分為九等，將先天道、早期一貫道與末後一著教的職級名目分列如下，以知其傳承與演變。林萬傳：《先天道研究》，頁1〜127、1〜198〜206。

先天道：眾生→天恩→證恩→引恩→保恩→十地→五行→祖師。

末後一著教：眾生→天恩→正恩→引恩→保恩→頂航→十果→十地→蓮臺。

早期一貫：童恩→贈恩→天恩→證恩→引恩→保恩→頂航→十地→管理。

〔註18〕林萬傳調查，先天道分裂後，除改革派與西華堂稱奉天命自稱祖師外，三華堂則秉承金祖遺訓，執掌道盤者，不再稱祖，而改稱「掌道老師」或「家長」。同上註21〜129。

但是考察這一段天命道盤轉交的過程，可以發現一個有趣的現象，即對十四代祖姚鶴天竟無絲毫記載。自九祖黃德輝至十六代祖劉清虛，清廷檔案都有豐碩的資料可尋，〔註 19〕唯獨姚鶴天的資料竟是寸縷可數，僅〈一貫探原〉談及其師教授返本還原的修煉法及《道統寶鑑》的些許介紹。〔註 20〕但是《道統寶鑑》關於姚鶴天續接天命的記載乃為「神授」天命，而非由前代祖師在眾人面前借仙佛臨壇扶乩方式所授予的道盤，這樣的道統傳承可謂「暗傳天命」，與往常先天道系統傳授天命的方式大不相同。

再考諸《歷年易理‧章帖》所說「金公掌道，癸酉回天，暗託玉、陽，暫掌道盤」（頁 2）所言都是金祖將道盤傳授素玉、素陽執掌。而《道統寶鑑》也說「素陽林氏智姁姑尊密受，代掌金公之盤」（頁 39），所說的也是金祖與玉、陽之間的天命轉授，而未語及姚鶴天。姚氏乃王氏的恩師，故王氏對道盤的紹裘若由姚氏親傳，則其著作對道盤的轉承不如此簡單，因此筆者推論，將姚氏列為十四代祖師，恐王覺一所為，為了證明他乃扶乩所說的第十五代祖師，必須先打破金祖所說的自徐、楊二祖之後稱代（師）不稱祖的遺訓，故必先立十四代祖之名，而姚鶴天又是影響他修道之途最重要的一位明師，故將姚氏立為第十四代祖師，而他自稱十五代祖師，如此既可以符合讖語，又可不受以往教規束縛。故他以密傳方式解釋姚氏接續道統，是屬最合理的說法，而他又為姚氏的入室弟子，故由他接掌第十五代祖師是極合理的作法。雖然如此猜測姚、王二人間的天命傳承，然而一貫道內部對於姚氏暗接天命、神授天命的說法是相信且有傳神的解釋，是以就宗教的立場，一貫道的詮釋也是可以被接受的。

王覺一於光緒三年（丁丑年）承續天命並建立東震堂，為了證明他接掌祖師之位是一貫真傳的天賦使命，故襲用了原本先天道西乾堂以扶乩方式解

〔註 19〕馬西沙、韓秉方：《中國民間宗教史》第 18 章〈一貫道的源流與變遷〉。

〔註 20〕《道統寶鑑》對姚鶴天的記載云：

十四代祖姓姚諱鶴天號明池，山西太原府人氏，正月初五子時降誕，乃瑤池金母化身，祖上七代持齋好善。因此老母屢次警告，這夜夢中云『明日在大門外設功桌，排全供，對南方迎接天命』當時由正南來一位金神，站立桌前，口中大喊三聲『快接天命』姚祖猛抬頭，只見金色道人左手執竹竿，上頂天下頂地，右手提著乾坤袋，祖遂跪下接受天命，道人忽然不見，此是老母明交天命也。姚祖傳道時，收下二位義女素陽、素玉各位賢徒，最後天命交與王祖接授，執掌道脈。（頁 31）

決眾人疑惑的作法。〔註21〕《歷年易理・章帖》即云：

> 金祖稱西乾堂，丁丑轉盤東震，東震繼西乾，傳玄大收圓……時至
> 丁丑，光緒三年，無生老母，親身臨凡。諸天神聖，保駕臨壇，降
> 臨東震。北海南岸，自地復卦，另立天盤。（頁1、3）

他說明了自玉、陽轉承的天命係屬天意，而且是由宇宙最高主神「無生老母」
親授，天意命定他是承接祖師之位者。因此他解釋了西乾堂內部道盤混亂乃
天意暗喻道脈轉承東震堂的預言，他在《歷年易理》光緒三年丁丑又帖說：

> 老金公他本是王母身轉，祖數足必得是該他亂盤。若不亂待怎麼西
> 乾道斷，若不亂待怎麼東震掌盤。若不亂待怎麼天機應驗，若不亂
> 待怎麼聖出人間。若不亂待怎麼聖號改換，若不亂待怎麼老母臨凡。
> 這其中天機事人不易見，不得不將大概說一番。（頁10～11）

在此說明西乾堂內的分裂混亂，乃因先天道掌理祖師天命的時運已盡，所以
內部發生不和分裂的情況。因此西乾堂的分裂乃應驗先天道的天命已屆，天
命將要轉盤到另一祖師身上。是以他說「西乾道斷」乃為了「東震掌盤」，王
覺一所創辦的東震堂乃奉天承運，繼天立極，故言「現如今老金公西乾捐館，
無生老母落東震重立天盤」（頁9），說明了他的天命是天神授與。因此一切的
亂盤到他以後必須結束，呼籲先天道其餘的游離分子回歸東震堂，共同為普
渡眾生的神聖志業努力。

當然，為了證明道盤已降臨東震堂，則必須說明玉、陽二人的天命時數已
屆，玉、陽已不再賦有天命道脈。為了合理說明此一現象，王氏除以扶乩方式
解釋，更以易經卦序方式詮釋此一天命轉移的事實。光緒三年丁丑又帖云：

> 自西川開普渡開荒下種，現皮毛鋪錦繡一竅玄關。八卦離四九姤一
> 陰方產，九姑娘能上天陰漸當權。河圖出金公歸剝卦數陷，自癸卯
> 自癸酉三十年完。素玉陽掌五年坤卦數滿，至丁丑陰數足陽復轉盤。
> 青州府北海郡誰人不見，山東省是東震前輩早言。斗牛女北七宿青
> 州應驗，若不信天文書拿來觀察，北海子坎水升自古不變，一陽復
> 必然是在於丹田。陰已降陽必復黃河倒轉，復乾體了萬法方歸理天。

〔註21〕王見川：〈臺灣齋教研究之二：先天道前期史初探——兼論其一貫道的關係〉，
　　　　《臺北文獻》直字第108期（1994年4月），頁144。

先西乾爲開荒下種門面，後東震末後著出世收圓。（頁 11）

而《歷年易理》末附的〈白陽聖訓〉也有類此的記載：

> 八卦之離，則外陽內陰，一陰爲主。在六十四卦爲姤，則一陰侵陽
> 謂知女壯。故袁祖之時，而夏九姑娘即當事得令，而一陰進矣。降
> 及金祖，三十六花根，而六六純陰現矣。金祖在世當剝卦上九之爻
> 乎，故金祖收圓而後，而素玉陽二姑合公然掌天盤矣。自姤自坤，
> 大抵五年一爻，三十年女兒中間點燈火，掌盤五年，坤極必復。不
> 但道知是，而國家慈仁、慈禧二國母亦掌朝綱，道運國家若合符節。
> （頁 107〜108）

由他對道盤流轉過程的闡述，可知應用了納甲辟卦法的卦序流程。藉助乾、
姤、遯、否、觀、剝、坤、復、臨、泰、壯、夬的流轉，說明了他接掌天命
祖師乃應時應運的天機。袁志謙所建立的西乾堂是爲開荒播種，傳播道苗，
開啓普渡眾生的法門。袁氏代表「乾」卦，進而歷轉「姤」卦，開始有陰卦
進入，代表漸有女者掌道，雖爲女輩亦有當事得令之權〔註 22〕成爲一方的領
導者。至金祖則爲「剝」卦將要進入純陰的坤卦，代表男性掌道盤時期即將
結束。故掌道三十年，邁進純陰的「坤」卦，故由素玉、素陽二女執掌道盤，
此一道盤流轉與接掌之道，乃屬自然的天意非人爲所能。所以他以國運由慈
安、慈禧二后掌權作爲驗證，表示其言不誣。及至坤卦五年六十月結束後，
轉至「復」卦，代表道盤的輪轉又由男子接掌，因此他以卦序的流轉之理說
明接掌天盤乃奉天承運，繼天立極。因此玉、陽二女的天命已經結束，由坤
卦進入復卦，陰極陽始，此乃必然之理。《祖師四十八訓》第十條即說明此一
現象的必然道理，他說：

> 袁祖爲乾元之體，向後五年一爻。至金公爲剝卦，至花根滿三十六，
> 爲六六之數，而陽盡陰純矣。故金祖之後，二女掌道，乃坤爻之偶
> 數。自癸酉至丁丑，五年六十月，坤爻已終。（頁 21）

〔註 22〕明清民間宗教的領導者雖以男性爲主，但仍有能力不弱的女性擔任教內管理
者。喻松青：〈明清時期民間宗教教派中的女性〉一文指出，民間宗教講求兩
性平等，故女性領導者屢見不鮮。而戴玄之：《中國祕密宗教與祕密會社》
（下），頁 630 則以爲中國婦女的政治慾望始終被壓抑，故許多民間教派的女
中豪傑，乃藉教派領導一方，滿足其政治慾望。喻松青：〈明清時代民間宗教
教派中的女性〉，《南開學報》第 5 期（1982 年），頁 29〜33。

王氏應用了卦序的流轉，並以坤爻已終陰盡陽進的道理說明他接掌祖師天命乃天意必然的安排。此一詮解方式一方面可以澄清眾人的疑惑，一方面又可以結束玉、陽二人掌理道盤的天命之名。並以此說服西華堂的門人弟子，藉此建立東震堂的威信，合理地解釋他掌理祖師天命的必然性，符合了九祖黃德輝於其著《皇極金丹九蓮正信皈眞還鄉寶卷》卷三所說的「西乾東震周流轉」之語。所以在他掃除眾惑而名正言順地執掌祖師天命之後，即以天命自許開展其傳道化渡眾生的救劫生涯。

自光緒三年在山東建立東震堂並接掌祖師之位後，末後一著教的運作即以此爲中心，開展傳道佈教的渡人聖業。由於王氏的領導以及其嚴密的宗教組織，至光緒九年時已傳遍全國各省。據〈檔五〉、〈檔十〉與《一貫道簡介》的記載，末後一著教在當時已傳遍河北、山西、河南、安徽、江蘇、江西、湖北、四川等地，成爲當時傳道區域甚廣的民間教派。

三、王覺一的傳道特色

末後一著教在王氏的領導策動之下傳遍各省，教徒甚眾，成爲當時頗具規模的民間教派。莊吉發嘗利用故宮博物院館藏清廷檔案，分析清代祕密宗教盛行的原因，曾歸納民間宗教具有下列的社會功能：燒香念經，消災除病；念誦咒語，驅祟避難；針灸按摩，療疾治傷；坐功運氣，修眞養性；養生送死，解決困難；眞空家鄉，極樂淨土等誘人的因素，因此民間宗教雖屢受當局的禁止，卻也芟而復生。〔註23〕

幫助一般百姓解決生活上的困難，原是民間宗教所能提供的社會服務項目之一，在服務社會的熱誠驅動之下，許多未入教者因曾受幫助而深受感動主動入教，或因主事者具有神異能力，致使許多基層社會的民眾景仰入教，因此莊氏所說的民間宗教盛行的因素可以說是民間宗教傳道中的一般特色。據〈檔六〉、〈檔八〉的記錄，有人因王覺一爲他們醫病而加入末後一著教，因此民間宗教提供了解決基層民眾基本的民生問題是無庸置疑的。但是末後一著教能在短短十餘年間傳遍全國，很可能出於王氏個人特殊的領導魅力。

王覺一在四十歲後因手掌出現古佛字紋及菩薩託夢傳道，故起立教之心。而手紋呈古佛字形的宗教異相則成爲他與信徒們日後勸人入教與發展道

〔註23〕莊吉發：〈從院藏檔案談清代祕密宗教盛行的原因〉，《故宮學術季刊》第1卷第1期（1983年7月），頁97～115。

務的重要憑藉，許多未入教者都因為他的宗教異相而加入其教，並且因信仰末教一著教的修煉方式。〈檔六〉有類似的記載：

> 光緒元年，華景沂與在逃素識先從王覺一為徒之張道符即張相如會遇。張道符告以王覺一係古佛降生，掌紋有古佛二字，見（現）傳末後一著教，修持長齋，可免災害，勸令入教。

〈檔十一〉亦云：

> 光緒六年正月間……田惠山至錢振元家，說起山東人王覺一手掌有古字紋，係古佛降生，現立末後一著教名目，勸錢振元喫齋入教，可免災患，錢振元信從。

〈檔八〉也說：

> 光緒七年六月間，在逃之錢正元與山東人王覺一，偕至沈觀濱家閒坐，談起病證。錢正元言王覺一係古佛降生，掌紋有古佛教，勸人吃齋。伊係王覺一徒弟，凡有入教吃齋之人，斷不生病等語，沈觀濱信從，即拜王覺一為師。

從這幾摺檔案可知王氏利用其天賦的宗教異相立教傳道，並以古佛降生自稱，因他有古佛掌紋，他的弟子們更以這個古佛字紋作為傳道的方便法門，用來勸人入教，並且認為只要入教得王氏掌紋朱砂印的古佛字就可以躲避劫災，絕不生病的顯化應驗作為傳道的說詞。是以其教派傳道渡人時就以他的古佛字印作為勸人入教的必要方法。筆者推測王氏本身極可能具有超能力，也就是可以與其他時空相通的神異能力，或者極易與乩相通，即是所謂的道靈能力，再加上他通達易理數術，精通三教義理，因此可以幫助許多人解決生活上、身體上或病理上的許多難題，是以在道務的推展上就較容易使人信服，故其教派的發展也因此而擴展。甚至有些道士與僧人亦拜王氏為師，〈檔十〉言：

> 僧大通於壯歲出家，在瓜埠鎮太平庵住持。光緒六年春，會遇在逃之張道符，向言王覺一設立末後一著教，掌有古佛字紋，係古佛降生之語，勸其入免災，僧大通即拜張道符為師。

〈檔六〉云：

> 晏儒棟先在直隸白雲觀出家充當道士……光緒八年，王覺一至晏儒
> 棟處測字，談論易理，自稱古佛降生，以掌紋古佛二字給看，告知
> 設教傳道，勸令入教，晏儒棟允從，即拜爲師。

由以上所舉各奏章可知教徒初入其教的動機在於王氏所特具的宗教異相——
古佛字紋，並且深信王氏具有使他們躲避劫難的能力，因此紛紛跟隨修道，
因此連信仰佛、道者都願意放棄其原來的信仰而追隨王氏修持。正因爲他具
有宗教異相的神異能力，是故在短短的幾年之日，他所領導的教派能夠風行
全國，並且派遣其教徒在傳道的時候運用此一古佛字紋，是以運用個人所特
具的宗教異相傳教佈道成爲王氏傳道時的最大特色。

　　運用古佛字紋的宗教異相佈道傳教是王氏渡人傳道的不二法門，然而對
於教徒的再教育與對教義的認知上，他的作法也是別有新意。他所領導的教
派，利用宗教異相渡人入教之法門只是初步，更進一步地必須了解其所修煉
之道的「理」。亦即信徒們不能只停留於有爲法的信仰或執著於聲色之間，必
須認清修道的真正意義與其信仰的最終目標。因此他在傳道期間都會將其著
作傳授予信徒或新入教者，讓信徒們了解爲什麼要修道，修道的目的與意義。
〈檔六〉云：

> 晏儒棟允從，即拜爲師。王覺一授予一貫探原、三易探原、圓明範
> 三書……崔華（信徒名）……王覺一亦檢一貫探原等書給，令依書
> 行善。

〈檔九〉亦言：

> 高勤……拜王覺一爲師，學末後一著教，得有學庸解等書。

〈檔十三〉說：

> 蕭鳳瀁說曾在周口拜王覺一爲師。王覺一託天津人劉漢鼎帶給蕭鳳
> 瀁三易探原各一本。

這些奏摺提供一個可靠的訊息：王氏每到一處傳教必會將其著作交予信徒閱
讀，此一目的乃爲使信徒更能了解其信仰的核心與修道得意義。由這個舉動
可以猜測王氏希望其信徒脫離神祕能力的執著，朝向認識修道的核心意義，
擺脫詭異的方術而認識無爲的真理。說明了修道必須認「理」修道，而非倚
恃有爲的奇異方術，所以他將著作授予信徒閱讀，乃是加強信徒們對於「理」

的認識，洞悉修道的本源。

由王氏傳道的特色可知他運用天賦的神異能力做為拓展道務的方法，以此開展末後一著教的信仰範圍，開擴其教派的傳道領域。但是宗教異相的利用只是初步，如何使其信徒認識修道的本意，達本還原，了解人生的目的，體認修道對於人的重要性與必要才是他傳道的宗旨。是以他每到一處，都會要求信徒閱讀他的著作並且依書行善，因此他的傳道方式可分為兩個步驟：初以古佛字紋勸人入教修道，復以認識修道的目標與理解人的根本意義。因此認識修道的本意才是他教導信徒的最終目標，也是他設教傳道的宗旨。

第三節　教案的發生與晚年的逃亡

清廷對於民間的集眾聚會極為在意，因此明令各州府對於民間各種集會的性質、名義需嚴格管理，避免又有顛覆當局的舉動。雖然清廷以強勢的律法限制民間集會，但是一些較具組織性的集會則朝向祕密聚會的發展模式。尤其嘉慶以降，朝政委靡不振，因此許多民間集會藉此起義，引起許多祕密會社與祕密宗教「反清復明」軍事活動。利用宗教聚眾之名而使清政府幾乎滅亡者，首推洪秀全拜上帝會的太平天國。雖然自康熙朝對民間宗教即以嚴刑峻法加以禁止，然而仍無法避免民間宗教的發展。由於嘉慶以後的教亂不斷以及太平天國的反清建國舉動，致使晚清時期朝廷對於民間集會的定義幾乎停留在「聚眾謀叛」的印象裡，所以晚清教案不斷，並且泰半都以「叛亂」罪處以極刑。

在清廷的眼中民間宗教是屬於煽惑愚民、擾亂風俗、圖謀不軌的草莽團體，蔑稱為「邪教」，並且制定嚴刑峻法防止其發展。清廷殲滅民間宗教的律法可謂多管齊下，以革職貶官的峻法，嚴懲未能克盡緝捕邪教之責的官員，又以重刑嚴責民間宗教家，成為歷代禁教法令最嚴苛的朝代。〔註 24〕清廷的法令雖是嚴峻，但是民間宗教依然蓬勃發展。

一、王覺一教案的源起

王覺一教案在光緒朝是一件極受朝野矚目的宗教事件，除官方奏摺呈報之外，傳遞大眾消息的上海《申報》亦屢屢報導此一事件，〔註 25〕可知末後

〔註 24〕鍾雲鶯：〈清代的禁教律例〉，《歷史月刊》第 86 期（1995 年 3 月），頁 81～83。

〔註 25〕上海《申報》有關王覺一教案的報導共計十二則，光緒九年三月念四日、三

一著教教案在當時已驚動全國，今試將王覺一教案的來龍去脈作一釐析。

（一）河南汝甯府事件

光緒三年王覺一創立東震堂並接掌祖師之位，從此以後末後一著教的傳道範圍逐漸向全國擴展，而其組織也逐漸擴大，各地的道場不斷地興起。光緒三年至九年間可說是末後一著教的全盛時期，直到光緒九年三月間教案的發生才漸漸地銷聲匿跡。

光緒九年三月以後是清廷追緝王覺一及末後一著教信徒最緊迫的時段，也是致使該教派衰落的致命一擊。但是據各奏摺檔案所言，清廷追捕末後一著教的導火線在光緒七年時就已經點燃了。

據光緒十年十一月二十日孫毓汶、烏拉布的奏章所言（即檔十三），破獲教黨張懷松一案，而這件教案的發生使末後一著教在河南的道場遭受嚴重的破壞。本案主要人物凡有張懷松、蘇添爵、陳本立、蕭鳳瀁等人，都是王覺一弟子。他們被官府緝捕的主要原因乃因為有名叫盛鴻喜的人匿名告變，捏造張懷松等人謀叛之事。

事情的源起於光緒七年九月底，盛鴻喜聽說北鄉喫齋的人很多，喫齋的人裡約聚了一些地方上的混混，將來恐怕要鬧事。十一月二十五日路遇蕭鳳瀁、陳本立、蘇添爵等人說：「臘月初一，日食利害，天地昏暗，日月無光，大世要亂，惟喫齋可免劫。」又說吃齋的人有二三百人。適逢蕭鳳瀁請客，故盛鴻喜以為蕭鳳瀁一定知道吃齋者作亂之事，因此他與王履信到營內總爺處報案，然而官府以他們沒有憑據回覆，故不予受理。因此盛氏立刻以蕭鳳瀁請客的名帖作為憑據，向官府報稱蕭氏等約人謀叛的證據。直到孫毓汶、烏拉布受理此案，詰訊盛氏何以捏造假帖謊報事實，盛氏說因為官府認為沒有憑據，因此並不在意謠言所說喫齋人將要鬧事的嚴重性，所以他只好捏造假傳帖作為報案的根據。

此案因盛鴻喜聽信謠言而假造傳帖報案，致使張、蘇、蕭、陳等人被清廷緝捕到案。案情懸宕至光緒十年十一月，孫毓汶二人重新審理才告定案，洗刷了張懷松等人的冤情。孫毓汶判定張懷松等係遭人冤枉的原因有下列幾點：

1. 張懷松供蕭鳳瀁在蕭黑家請客，乃是商量修路事宜，絕無謀叛之事。復將各犯分別隔離研訊，問及聚眾攻襲郡城之事，都極口喊冤，供稱

月三十日、四月十二日、四月念一日、四月念三日、五月念八日、六月初十日、十一月念九日、：光緒十年正月初九日、正月念四日、十月十七日等。

伊等吃齋入教，只是想延年益壽，或是求福消災，絕對沒有圖謀不軌的想法與行為，再三逼供，亦矢口不移。

2. 如果各犯有謀襲郡城之事，則城內應有羽黨潛伏，為何鄉間城內大肆搜查，只有這幾個人，即使事機洩露，同夥之皆以逃竄，而蘇、陳、蕭等人豈能安坐家中，束手就擒。

3. 如果真有謀城襲郡之事，則各犯隨身器械究竟在何處？蘇添爵家起獲諸物，只有銅印一顆最為緊要。然而這顆印章乃屬於秉教柱持之印，似乎是方外之物。仔細加以辨認，印章是薄片舊質，柱持二字類似加持二字，屬於佛書之類。其餘的有小刀兩把，長不超過一尺，屬於日常生活常用之物。弓一張箭七支，則是蘇氏之弟練習武藝所用。籤一根，墨寫「建醮會」三字，乃為城隍會的首事所執掌之物。起獲吳何氏銅佛，高僅寸許，乃是護身佛，紅布小幔，則為供神所用。蕭鳳瀁家起獲三極圖一張，上畫無極太極，中畫河圖洛書，下畫六十四卦，皆不足作為謀反叛亂的證據。

由於以上諸因故孫毓汶等認為「此案習教寔屬，謀叛無據」，肯定蘇、陳、蕭等人乃純粹的民間信仰，因此叛定無罪。在懸宕三年後終於洗刷末後一著教河南道場信徒的冤情，然而此教案的發生卻使其河南道場衰落不振。

（二）光緒九年的起事之役

王覺一傳道事之所以引起清廷的注目與震撼，應是光緒九年二、三月間江蘇與河北居民舉眾遷徙之事。光緒九年三月二十五日左宗棠奏摺（〈檔一〉）云：

> 本年二月間，訪聞海州、沭陽、安東、桃源各縣，北路有外來教匪潛入屬境，習教傳徒情事，煽聚日多，民心惶恐，羣議移家避難，一夕數遷。

五月初九祥亨奏摺（〈檔三〉）云：

> 本年三月中旬，風聞武昌、漢陽商民，紛紛遷移，傳言有教匪蠢動情事。

由於當地居民聽聞有教匪篡動，因此遷移避難，由於一連好幾個鄉鎮有同樣的傳言與遷徙舉動，造成清廷的矚目與重視，致使清廷加強對於民間宗教的

捕緝行動，而末後一著教則成爲清廷掃蕩教匪的主要對象。由於該教派在當時的信徒數量極多，王覺一的名字在當時的民間教派中也打開知名度，因此光緒九年清廷的掃蕩教匪計畫，王氏與其教派當然也被列入緝捕的名單中。

　　關於光緒九年三月後清檔案所記錄末後一著教的謀亂行動，由各檔案資料中可探知其大要。據〈檔一〉被捕教徒晏儒棟供稱王覺一赴金陵、漢口、荆州等處，邀約徒黨擇期於三月初八日一齊起事。但是末後一著教湖北道場的領導人熊定幗則供稱：

> 三月初，王覺一由江蘇來漢口，耽擱數日就往四川，其子王繼太同劉志剛在船住宿，不敢上岸。伊與相商先遣徒黨在漢口散謠言，使人驚惶搬動，並製五色號帽及放火洋油等物，約定是月二十八日夜子時在武漢地方同時起事，以放火爲號，先劫監獄，繼搶局庫，凡在教內之人，皆以口吃字爲暗號……俟見省城火光，一體舉動。初聞王覺一主意，因武昌省城三面受敵，不便長踞，原想擾亂後擄掠船隻，下駛金陵，不料漢口因居民搬家，派有文武各官巡查嚴密……不能齊人，無從動手。(〈檔六〉)

又王覺一之子王繼太亦供稱：

> 九年三月間，王繼太與王覺一先赴漢口，會見劉志剛、趙雲山、熊定幗，問知伊等在武漢荆州等處傳徒甚眾，劉志剛即與王覺一商議，以王覺一父子之名，可以號召眾人在武漢同時起事。王覺一與王繼太父子見眾人同心，當時商定，即令劉志剛等糾人製物。(〈檔十〉)

由這兩篇重要的供詞，似乎可以猜測王覺一彷彿若有其事地準備起事。但是值得注意者，如果眞有起事之實，爲何各犯所供的起事日期不一；再者，末後一著教團體若有謀亂之心，爲何沒有準備造反的槍械兵器，而只是準備洋油及辨識的五色帽。光緒九年五月二十日蕭晉蕃的奏摺也說：「（教匪）起意揭竿，幸該匪等軍火未備。」(〈檔四〉)如果有意造反謀亂，怎會「揭竿」起義，又何以會「軍火未備」呢？因此所謂的「起事」一詞是否就是清廷所說的「謀變」，值得商榷。

　　在此一教案的發生過程中，由扶乩所得的「庚辰書帖」扮演著極重要的角色，因爲在王覺一曾說「如遇手有日月印紋之人可成大事」(〈檔六〉)。中國大陸學者周育民認爲「庚辰書帖」的內容雖不可得知，但顯然是謀反的重

要文件。〔註 26〕可是《歷年易理》光緒六年的〈庚辰章帖〉中即有「無皇敕玉帝選道統命俺自承當，後來的有一人明暗手字必一樣，古佛印日月章合成明皇白王」等語，其中古佛印指王覺一本人已無疑，而「日月章」是否即王覺一所要尋找手掌有日月印紋者？因此筆者懷疑檔案中的「庚辰書帖」極可能是《歷年易理》中的〈庚辰章帖〉，而周育民未深入閱讀王氏的著作，因此才會認爲「庚辰書帖」是謀叛的重要文件。再者王氏所說「遇手有日月印紋之人可成大事」，所謂的「大事」是否即是謀反另立王國之事，不可得知。但是展觀檔案中的每一供詞，讓人極易相信王覺一所領導的教派有謀亂之心，然而證據何在，卻又無跡可尋。因爲如果眞有叛謀之心，爲何檔案中未見刀槍兵器與封官僞號，因此這極可能是官方羅織王氏及其教派的說辭。〔註 27〕

二、傳道生涯的結束

據〈檔五〉、〈檔十〉被捕的末後一著教信徒供稱，王覺一得知其教派遭清廷圍剿後就逃往四川。而其長子王繼太在光緒九年十二月被捕，光緒十年處以凌遲死刑（〈檔十二〉），自此後再也沒有任何有關王覺一的訊息。

《一貫道簡介》則稱光緒九年王氏罹患重病，避居燕京（北平）旋遷天津楊柳青鎮，光緒十年三月間歸空於天津楊柳青鎮，結束一生的傳道生涯。

今將王覺一生平及活動年表列述如下：

時間	王氏生平、事蹟	先天道發展	清室動態
道 2／1822			查獲河南新蔡縣白蓮教邢名章案
道 3／1823		十二祖袁志謙在四川成立西乾堂。	1. 湖南巡撫查獲青蓮教賀六昌、陳阪聚案。 2. 十二月，查獲山東八卦乾卦教馬進忠案。
道 6／1826		楊守一、徐吉南接掌道務，爲十三祖。	
道 7／1827			閏五月，查獲先天道楊守一、徐吉南一案。

〔註 26〕周育民：〈一貫道前期歷史初探——兼談一貫道與義和團關係〉，《近代史研究》第 6 卷第 3 期（1991 年），頁 78。

〔註 27〕王見川亦有此一想法。王見川：〈臺灣齋教研究之二：先天道前期史初探——兼論其與一貫道的關係〉，《臺北文獻》直字第 108 期（1994 年）。

道 8／1828		八月徐、楊二人遇害，袁祖重掌道務，但由陳彬代理。	
誕生，道 10／1830	出生於山東青州益都縣城東北闞家庄。		
道 11／1831		陳彬遇害，袁祖復掌道務。	
三歲	父喪		
道 14／1834		袁祖病歿，五行掌理道務，教團開始分裂。	
道 19／1839		周天元、葛依玄脫離先天道，赴江西、湖北等地傳教。	
七歲	母喪。由族叔收養。家貧，在劉府牧牛。		
道 25／1845		五行的木祖、火祖、土祖分別被捕，殉教漢陽，由水祖掌教。	
廿七歲 咸 7／1857	由劉萬春引入先天道，拜姚鶴天為師。		
廿八歲 咸 8／1858		彭水祖歸西，教務由金祖掌理。	
卅五歲 同 4／1865	姚鶴天脫離先天道、王隨姚傳教。	金祖林依秘歸西，傳道蘭陵三，導致教團分裂；曾子評另創圓明聖道；黎國光創同善社。	
四一歲 同 10／1871	手掌出現古佛字紋，遂創立教門曰先天無生教，後改名末候一著教		
四三歲 同 12／1873		先天道教團再度分裂，余道龍、謝道恩、韓道宣另立三華堂；林依秘義女素玉、素陽以西華堂襲故堂。	
四五歲 光 1／1875		三華堂余、謝、韓亡故，繼任者因意見不合，又分裂為乾元堂、太華堂、有恆堂等。	
四六歲 光 2／1876		三華堂夏道洪偕信徒又分出為一華堂。	

四七歲 光3／1877	在山東青州建立東震堂並接掌祖師之位，揭示「西乾道斷，東震掌盤」號召他系信眾回歸。歷年在安徽、山西、河南、江蘇、湖北等地傳教。		
四八歲 光4／1878	王氏廣收信徒，收朱行普、蕭鳳巘等為徒，並刊印一貫探原、三易探原。		
五十歲 光6／1880	王氏廣收信徒，收僧大通、田惠山、高勤等為徒。		
五一歲 光7／1881	王氏廣收信徒，收錢正元、沈觀濱等為徒。		九月河南汝甯府教案，誣張懷松等教徒謀亂，纏訟三年，罪證不足開釋。
五二歲 光8／1881	至荊州傳道。		
五三歲 光9／1882	在漢口遭風考，因病移居北京，又遷天津揚柳青鎮。		自三月起在江蘇、湖北、河北等地查獲各地負責人，王覺一得以身免，其子王繼太受縛，次年處死。
五四歲 光10／1884	三月病逝天津楊柳青鎮。		

第四節　王覺一教派的傳承與流行

　　末後一著教經過光緒九年清廷的全力圍剿掃蕩及光緒十年王氏病逝，造成群龍無首的混亂局面，然而該教派並未因此而消失，反因改變原貌更易教名而得到更廣的傳播，在民間宗教史上屹立不移。

　　在光緒九年末後一著教的教案中，有兩位較為特殊的領導人物，一為張道符（張相如），一為劉志剛。張氏於光緒元年就在江蘇傳教，並為江蘇海州、沭陽、安東、桃源一帶的領導，光緒九年在清廷全面的圍緝之下，逃遁而不知下落。〔註28〕劉志剛的身分據中國大陸學者馬西沙、周育民認為極可能是一貫道所尊稱的十六代祖劉清虛。〔註29〕劉氏在末後一著教被圍剿破壞與王

〔註28〕張道符逃逸後的傳道方式與開衍的流派為何，目前並無可尋的文獻資料。
〔註29〕馬西沙、韓秉方：《中國民間宗教史》，頁 1163；周育民：〈一貫道前期歷史初

覺一病逝後，仍然繼續其傳道活動，故周育民認為末後一著教並未因清廷嚴厲緝捕與王氏去世而瓦解，反而得到另一生存空間，〔註30〕這是個敏銳的的觀察。今試藉著文獻記載，考察覺一末後一著教的傳承與流衍。

一、一貫道

《一貫道疑問解答》解釋「一貫道何時發現」時即云：

> 十五代祖王覺歸空時，瑤池金母降壇批示『東震堂始改為一貫，稱曰一貫道』。再傳至十六代劉祖，遂轉東魯，三教合一。十七代路祖，應運普傳。現在弓長師，奉承道統，繼續辦理末後一著。

由此可知一貫道是王覺一末後一著教的嫡傳，並以祖師天命相傳的方式繼續辦理普渡收圓的大事。

《道統寶鑑》言劉清虛在光緒十二年奉天承運接掌祖師，改稱「一貫道」，而承接道統的方式也是採用扶乩而成。〔註31〕他將末後一著教改稱一貫道，或因扶乩所為，或避清廷耳目以便傳道。

從十六代祖劉清虛至十七代祖路中一，一貫道泰半在山東省闡道，並無突破性的發展，〔註32〕一直到十八代祖師張天然的領導下才打破僵局，成為全國性的宗教。在最近十幾年中積極朝向世界各地的華人社會發展，甚至在當地社會傳道，如今已成為世界性的宗教組織。

二、彌陀教

光緒二十七年十一月二十八日劉深坤一〈拏獲彌陀教匪分別懲辦摺〉〔註33〕云：

> 匪首夏世承……桃源縣人。先入普度教，嗣至河南上蔡縣在逃匪張妙松即張步松家教讀。與張妙松談道投機，並知張妙松係認從前犯匪王覺一徒弟，昔存今故之陳學餘為師。新改倡彌陀教，既學扶乩，

探——兼談一貫道與義和團的關係〉，《近代史研究》第 3 期（1991 年 9 月），頁 75～87。
〔註30〕周氏文見同上註。
〔註31〕北海老人：《歷年易理》光緒十二年的鸞文，乃王覺一歸空後降壇訓帖章十篇。
〔註32〕《道統寶鑑》說路中一「就在濟寧地闡揚天道」，頁 34。
〔註33〕沈雲龍：《劉忠誠公（坤一）遺集——奏疏》第 26 輯（臺北：文海出版社），頁 4931～4937。

> 又有無生老母附體傳道，伊因張妙松道法高超，亦改從彌陀教，胞
> 弟夏世啓亦同入教。上年春間回家，張妙松送給銀兩，令在家招徒，
> 並令派人分赴別省廣傳教法。

從這段奏摺中可知自光緒七年末後一著教因汝甯府事件，致使河南道場遭受瓦解破壞，然而其宗教組織並未因此而解體，反而在更換名號後，繼續其傳道活動。

彌陀教的無生老母信仰及夏世承的供錄中，稱其教奉有「奉天承運一貫眞傳木印，說是教中遺留之物」與末後一著教有類似的特徵，又爲王覺一弟子所傳，故與末後一著教不無關係。根據周育民研究，彌陀教雖然在光緒二十七年被查獲，但是宗教活動並未因此而停止，光緒三十三年清廷再度拏獲河南上蔡縣彌陀教的姜本陽與郊卲周，光緒三十二年創立的龍華會也是彌陀教一支。〔註 34〕可知道這些民間教派的傳道活動，並未因當局的打壓而停止瓦解，反而改變型態繼續活動。

本章小結

美國學者歐大年曾對中國政府敵視民間教派而語重心長地說：「在歷史的文獻記載中，儘管官吏們自己也承認未見有危害行爲的證據，也照例把這些教派當作異端和圖謀顚覆的組織。」，〔註35〕而這樣的心結與現象，似乎在歷代當局與民間宗教家之間糾纏不清。

雖然被捕教徒供稱他們入教是爲了「希冀免災，寔是不知謀逆重情」，查辦官員也承認王覺一著作「無違悖字句，均不無一線可原」（〈檔九〉）。但是清廷仍然以「立教傳徒，圖謀不軌」的心態看待民間教派的傳道者，因此傳道者與執政者角色的對立與矛盾，始終糾纏不清。而歷代的教案卻依然層出不窮，不因嚴刑峻法而停止。

王覺一教案在清廷的處理態度中並不是特例，而是清代民間教派的共同命運。

在中國因爲教派聚眾力量而導致民變者，二千年前有張角太平道的黃巾之役，近百年有洪秀全的太平天國，因此藉助信仰的動力而導致謀亂者在中

〔註34〕同註26，周育民文，頁86。
〔註35〕歐大年：《中國民間宗教教派研究》（上海：上海古籍出版社，1993年），頁2。

國歷史上履見不鮮，是以歷朝政府對於民間宗教的集會聚眾，都不敢掉以輕心，並以嚴厲的刑法加以懲責，避免民間教派日漸擴大。清廷以乘流寇之亂而入土中原，對於前朝之鑑，必謹記於心；再加以立國前期，許多藉集會之名而聚眾反清欲復漢族體制，因此對於集會聚眾的防範，成為歷代律法最嚴苛者。以集會聚眾恐流於邪教或成為不法的幫會只是藉口，其實清政府最畏懼者在於民間教派的領導人物利用信仰的動力聚眾反清，顛覆清廷。再加上太平天國之役幾乎使清廷滅國，因此晚清加強對於民間教派的緝捕，後期律法懲罰較之以往又更加嚴厲，所以先天道的歷代祖師（除袁祖、金祖外）及王覺一所領導的教派，被捕的教徒幾乎都被處以死刑。尤其是光緒九年三月之役被捕者，主辦官員幾乎以最快的速度將末後一著教的教徒處以凌遲死刑，並沒有詳細審理，以求事實的真相。

　　由王覺一教案可知晚清民間宗教的傳道者若不幸身陷囹圄，幾乎都被以謀亂叛國之罪處死。無論是純粹的傳道者或是有野心顛覆的叛亂分子，只要立教傳徒就具有謀逆之罪，判以嚴刑作為告誡。因此在清廷的防範心與不容立教傳徒的法規中，傳道與謀亂幾乎成為一事，是故民間宗教家的傳道角色與當局官員對民間宗教家的認知，成為永遠的對立與矛盾，糾葛不清。

第三章　王覺一「理」觀念的承襲與轉化

　　竹坡居士將王覺一作品的精華彙集成冊，以「理解合解」命名，說明了王氏作品中包涵「理」與「數」的思想。「理」是宇宙世界一切的本源，自宋理學諸子提倡「理」本體的思想後，理學的觀念就流傳於中國各階層之中。無論是知識界的發揚闡釋，或是基層庶民的謹慎奉行，理學的本體思想與道德涵養一直是中國社會價值觀念的圭臬。「數」則是卜筮推演的原理原則，自易經的推算之數衍申而來，「數」的推演一直是中國民間社會日常生活所信賴的行事標準，可以助人了解大自然變化的規則以及人類命理推算的象數之學。因此就信仰而言，數的信仰只是人生的一個過程，而非全部與終點；理的信仰才是超越有限人生的修持目標，是人之與天地同體不朽的真實，因此是信仰的唯一與終極。王氏結合二者闡述他的宗教理念，主要的目的在於藉數言理。藉助數流衍、推算的規則與終始，說明理的不變與常道。因此他藉數言理，以理為思想的中心信仰，是故「理」觀念的闡發，可說是王氏思想的主要信念。「理」觀念自宋明以來一直是中國思想的主流，身為民間教派的傳道者與讀書人雙重身分，王覺一對於「理」觀念的接受承襲必屬當然，然而他如何轉化「理」思想成為宗教思想的信仰核心，才是王氏宗教思想的獨到之處，因此本章節將對其「理」觀念的理解、詮釋、解讀進行考察與研探。

第一節　王覺一「理」觀念的溯源與轉化

　　理學自程、朱以來一直是中國學術思潮的主流。理學的興起背景在於讀書人對於儒家衰落的自覺與反省，面對佛、老之學的興盛，許多文人紛紛投

入於兩教之間，浸濡在佛教的的心性之學或是道教的金丹之學。一些較有憂患意識的知識分子面臨儒學衰退的局勢，群起發揚孔孟之學，以挽回儒學成為學術正統為使命，故以韓愈等人為主流的復古運動就在恢復儒學正統的前提之下展開。

其實儒學之所以會面臨衰退的危機在於其以實用主義為主，鮮言人類無法耳聞目觀的神祕部份與人性內在的本體根源。雖然《大學》、《中庸》曾談及人之心性與宇宙天體造設自然萬物的宏偉，孟子雖也說：「盡其心，知其性也；知其性，則知天矣。存其心，養其性，所以事天也。」然其所言，重在「殀壽不貳，脩身以俟之，所以立命也。」著重在由「脩身」的道德涵養，進而體悟天賦的本心善性，但是對於人類追求神祕未知的生命源頭，亦無法提供令人貫通無惑的解答已不足以解決人內在的困惑。因此當人開始意識人的渺小與宇宙主體的神妙莫測時，儒學的知識已不足以解決人內在的困惑，於是讀書人紛紛走進釋、道二途，尋求人的本來根源與正視心性的修煉。所以當韓愈等提倡復古運動時，他們也注意了儒學無法解決人對於本體追求的遺憾，因此融入了禪宗的心性之學，尋求性命之源，所以今日學者認為韓愈、李翱是理學的先驅是有其道理的。

由於儒學從禪宗的心性之學得到啟示，開始重視宇宙本體與人的心性本源。到了宋朝，理學的發展就此大加發揮，因此特別注意《大學》、《中庸》二書，並且藉此二書的思想建立心性之學的理論架構，所以就本源而言，理學實已摻有宗教的成份，只是後人較著重在哲理的層面，忽略其本具的宗教內質。而民間教派則在理學的宗教層面加以吸收轉化，是故王覺一對於理學的承傳，亦在理學本具的宗教特質中加以發揮。因此當學術界對於理學的觀念仍然盤旋於哲理演繹時，民間宗教者已經將理學所內具的宗教本質吸收轉化，做為建構教義的基本素材，成為民間教派經典著作的理論根據。

清承明制，以程朱理學做為學術的正統。王氏生長於重視理學發展的朝代，尤其歷經道光朝理學思潮再度受到重視與咸、同二朝的中興時期，[註1]他對理學的認知更是強烈。在政府的推動下，程朱理學思想上行下效，成為當時社會思潮的價值依歸。王覺一以學術界耳熟能詳的「理」觀念為基礎，配合他對宗教本體追求的熱誠，結合他對信仰的體驗認知，發展出一套以理學為基點的宗教信念。所以他對程朱理學的思想觀念雖有所承，然而他以宗

[註1] 史革新：《晚清理學研究》第1章〈晚清理學概述〉。

教家的思維加以演繹轉化，將理學觀念轉化成爲民間教派的核心系統，成爲獨樹一格的民間傳道者。所以他的思想雖啓蒙於理學家，卻成熟於自我對人生終極理想的實現，這是他之所以爲民間宗教家而非正統學術界理學家的重要認知，也是了解王氏對「理」再詮釋的重要觀念。茲將王氏對「理」觀念的承襲與轉化作一詮釋。

一、《周易》的黃中通理

　　王覺一雖通曉流行在民間社會的易理數術，大部份論著都「以理解數」，他對於理與數之間的交互運用極爲純熟，無論是易經的卜筮推算或是河圖、洛書等民間數術，他都能夠以極爲合理的「理」的觀念加以詮釋，因此以理解數可說是他的論著特色。

　　易經可說是一切讖緯數術之學的鼻祖，而王氏對於易理的運用自有他的見解。但是他對於易經的理解雖有易術方面的運用，但是仍以回歸易理作爲主旨。因此他注重的不是周易之數而是周易之理，所以凡有關易經中有「理」字出現者，都是他特別注意之處，並且就此而賦予他所認爲的「理」之涵養。「黃中通理」是周易第一次所出現的「理」，在周易中有其特殊的意義，然而王氏則藉用周易的文字原典，發揮他對於易「理」的觀念想法。

　　「黃中通理」語出《周易·坤·文言》本意乃指君子應如五方色中的黃色一般，位居中央，通情達理，條理分明，使自己內具的道德涵養，無論是內在的修爲或外在的表現，都能合而爲一，呈現美德的最佳極致。〔註2〕而王覺一於《理數合解》中兩次提及「黃中通理」，並且皆與河圖相屬，〈大學解〉說：

> 易之坤卦曰『黃中通理』。蓋此理貫乎大地之中，超乎大地之外。河圖之數，二七在南屬火，火屬暖，故南方多暖，此文明辭讓，禮之端也。一六在北屬水，水屬寒，故北方多寒，此沉潛是非，智之端也。三八在東屬木，爲元爲春屬木，則木能生火，故大明出於扶桑；爲元則四德稱首，乃生機所出，此慈愛惻隱，仁之端也。四九在西屬金，爲利爲秋屬金，則金能生水，故河源發於崑崙；爲利則剛而能斷，爲秋則共樂西成，此果敢羞惡，義之端也。五十居中屬土，

〔註2〕《周易·坤·文言》的原文曰：「君子黃中通理，正居位體，美在其中，而暢於四文，發於事業，美之至也。」語見《周易正義·十三經注疏本》（臺北：藝文印書館，1993年），頁21。

統四端兼萬善，爲性心之本體，信實之大用。（頁 2）

另〈一貫探原〉（頁 97）亦以河圖之理與黃中通理互依而言。由他對河圖的詮
解中，可知他以仁、義、禮、智、信等河圖的必備屬性做爲詮釋理的根本。
理與河圖相仿，故理亦具備了五德。再者河圖的五方位代表天地萬物的相生
相依之生生不息之道，說明了世界的生成，四季的轉換都依此一循環週期而
行，無有錯亂，解釋了理與世界生成的關連，密不可分。他以河圖裡五十居
中的「信」做爲性心的主體，統四端兼萬善，是河圖的本體，以此解釋「黃
中通理」之「中」的意義，說明「中」的重要性乃在統四端兼萬善，是一切
的本源，也是天體天德的展現。理學家以道德內具說明理的內容，而王氏以
河圖的本質解說理的義涵，開展了民間宗教的思維方向。

在一般人的觀念中，河圖是數術推演的卜筮依據，具有民間信仰的宗教
意義。在《正統道藏》第十八冊之〈易外別傳〉、〈易筮通辨〉、〈易圖通辨〉
乃專論河圖的演數、推算之理，〔註 3〕雖名爲「易」，實乃以河圖解易。道教
乃中國本土的宗教，如此重視河圖的演算之術，可知河圖所具有宗教性質。
然而王氏以河圖的屬性解說理的特性，正足以說明他對「黃中通理」的詮釋，
乃站在民間宗教的認知加以表達的。

再而坤卦象徵大地靜而不變，厚重載物的常道精神。而河圖居「中」之
理的不變內涵，正可以「靜」之道表現「理」的守經有常的不變至道。〈一貫
探原〉云：

此理中之數也（指河圖），對待而靜。無極之靜體難見，惟大地坤元
之靜似之，故曰『黃中通理，正位居體，美在其中，發於事業』無
爲之君子亦似之。故聖人靜則象地，寂然不動，立無極之大體，此
靜聖之學也。（頁 97）

他以大地寂然不動的靜體表現「黃中通理」的意義，藉著坤卦象徵大地的靜
態之象，闡述靜體難見，不易體會，因而藉河圖通理的精神，敘述聖人如何
在肅穆的大地之德中體會宇宙生生不息、無形無象的生機之道；如何在寂然
不動的載物之德中，體現靜穆的本體之理。也藉此說明一位修道者應學習大
地的「靜」德之體，如何由「靜」體驗大地化育萬物卻不見消息的生養之德，
亦即由「靜」體現「中」之道，由「中」實現天人一體的生生之道。

〔註 3〕《正統道藏》：第 18 冊（臺北：中文出版社）。

　　由此可知王氏對於《周易》黃中通理之「理」的詮解，不只是局限於君子的修習之道，而是結合了具有宗教意義的河圖五德及坤卦象地的寂靜之理的意義，也可知「黃中通理」對王氏的啓發乃在於「中」之理與「靜」之體。

二、周敦頤的無極之理

　　「無極」一詞首見於《老子》第二十八章，[註4] 本意爲無限、無窮邊際的意思。迄至周敦頤，「無極」則有宇宙本體，萬物本源的意義。[註5] 根據《宋元學案》與《宋史》卷四百三十五〈儒林傳·朱震傳〉所示，周子之「太極圖」本於道教，因此就整個思想體系的傳承而言，周敦頤的「太極圖說」可說是儒道融合的產物，是哲學與宗教交融的證明。藉著無極→太極→陰陽→五行→男女（或萬物）的生成模式，說明無極是世界的本體根源，派生太極。太極的運轉而產生陰陽二氣，陰陽二氣的運行產生了五行，五行是一切生物的基本材料，陰陽二氣的結合與五行材質的化合而生男女萬物。〈太極圖說〉揭示宇宙孕育天地與萬物的過程。

　　王氏深受「無極」爲宇宙本體的影響，尤其是〈太極圖說〉中關於人物的生成之道，因此「無極」一詞可說是他著作中的關鍵辭彙，〈大學解〉言：

　　　　周子曰：『無極之眞，二五之精，妙合而凝，乾道而男，坤道成女。』

〔註4〕原文爲「知其白，首其黑，爲天下式；爲天下式，常德不忒，復歸於無極」宋常星註解：《道德經講義》（台北：三揚企業，不著年代），頁89。

〔註5〕關於無極是否爲宇宙本體的看法，歷來有兩種解釋。1. 或受朱熹的說法，朱子對「無極而太極」的注解云：「上天之載，無聲無臭，而實造化之樞紐，品彙之根柢也，故曰無極而太極。非太極之外復有無極也。」又說：「總天下萬物之理，便是太極，太極只是一個實理。」（《周子全書》卷一，頁5）紹承朱子所說「無極即太極」者，以太極爲宇宙本體者如錢穆：《中國思想史》所說「太極實極無極」（臺北：臺灣學生書局），頁173；牟宗三：《心體與性體》（一）說「無極而太極意即無極之極，非無極與太極也……單說無極亦可……單說太極亦可」（臺北：正中書局），頁359；蔡仁厚：《宋明理學——北宋篇》言「無極而太極，意即無極之極或無有極至的極至之理——因無可窮究其所極至之理。而不是無極與太極」（臺北：臺灣學生書局），頁62；觀其所言，皆以太極即無極，以太極爲本體，是宇宙萬物的根源。2. 無極是宇宙本體，太極爲無極派生。張立文：《宋明理學研究》，頁115；蒙培元：《理學範疇系統》，頁57；侯外盧等：《宋明理學史》上冊，頁61；陳廷湘：〈理學道德本體的合理性及其侷限〉，《中國文化月刊》165期，頁51，俱認爲「無極」才是宇宙最高的本體。

〔註6〕此性之所自來，人之所由生也。二五之精，生有形之身；無
極之真，妙合其間，作無形之性。（頁2）

所說的二五之精生有形之身，即是周敦頤所言「二氣交感，化生萬物」說明
陰陽二氣的運動交感，產生具有形體的物質，而人的身體形骸即是由父母的
陰陽交感而生。然而陰陽交感所產生的只是屬於有形物質層面的物體，這些
物質層面的事物則由太極變化而成，而非來自宇宙的本源——無極。因此有
形之身並不具有真正的生命意義，唯有根源於無極本體的性靈，才是生命的
主宰，正視性靈根源才是人類生命意義的最高正鵠。他在〈一貫探原〉對於
「無形之性」的解釋說：

二五之精，生有形之身；無形之真，作神妙無形之性。此性乃人生
而靜之性、性善之性、恆性之性。亦即中庸所謂天賦之命、本然之
性，虞廷所謂惟微之道心，西竺所謂涅槃妙心，太上所謂真常不死、
真常之性。（頁81）

他所謂的無形之性，意謂上天賦予人的本然性靈，此為生命精神層面的終極
意義，也是生命主宰的真實體現。所以三教教義不朽的精神，就在於教人體
認與生俱來的「無形之性」。此一天賦本性王氏稱為「無極之真」，也就是與
本體同存的真實存有，不落入物質界的永恆實在。因此若將人視為一小宇宙，
則人之本來天性即是個體生命的本體根源，不隨生死而有無。無極則是整個
大宇宙的本體，故人之無形之性雖出於無極，卻與無極同體，亙古不滅。所
以無論三教如何以語言文字形容「無極之真」，最終目的在於教導修道者理解
生命的本源，體現「無極之真」的實質含義，進而與無極之理互依共存。

　　周敦頤的〈太極圖說〉雖初步地將儒、道思想結合，然而其重點在於「無
極而太極」的宇宙發生論，以及無欲、主靜的道德性命之學，並未涉及三教
教義之說。而王氏則以三教對本然天性的代稱，說明無極之真的神妙與無形
之性的真實存在，並以體認「無極之真」乃三教共同追求的真理。因此他對
於無極之理的體會，不只限於宇宙發生論的範疇，而是深入宗教追求真實本
體的修持理念。可知他雖使用了周子的文句，卻將理學的思想體系轉化為宗
教的修煉意義，此為民間宗教家詮解「理」觀念的獨到之處。

〔註6〕周敦解的這段話，王氏在全書中共引用六次。

三、程頤的性即理

「性即理」是理學範疇中重要的課題，自程頤提出此一核心主題後，程學一派則於此大作演繹闡述。程子「性即理」的思想，乃將人性提升與宇宙本體同等地位，天人合一的思想自此後更加確切不移，尤其是結合孟子「性善」論，〔註7〕認爲性即是理，自堯舜等聖人至於平民百姓，都具有純然至善的性理，故「理」充沛於吾心之中。程子將天地間的常理賦予道德意義，並將人的性理（靈）與天理結合，使具有倫理性格的天理統攝宇宙萬類，建立通貫天人的儒者之學。〔註8〕而伊川以「理」爲宇宙本體根源及「性即理」的性善思想，對於王覺一大有啓發作用，他繼承性即理的善性理念，結合三教對於人類性理的敘述，使之融貫，無分彼此，充份發揮「性即理」的文字表義。他在〈理性釋疑〉說：

> 理者，本然之性，即無極之眞也。故周子曰『無極之眞，二五之精，妙合而凝』。此理乃三教之極致，故儒曰『性即理也』金剛經曰『一合理相』心印經曰『三品一理』中庸曰『率性之謂道』易曰『成性存存，道義之門』孟子曰『盡其心者，知者性也，知其性則知天矣』又曰『存其心，養其性，所以事天也』清靜經曰『眞常應物，眞常得性』金剛經曰『福德性』六祖曰『見性成佛』。是故孔子以率性而成聖，釋迦以見性而成佛，老君以得性而成道。此明心見性、存心養性、修心鍊性：歸一、守一、一言之所自來也。釋迦言性不言命，孔子以天命爲性，性與命原是一理。（頁121）

王氏將周敦頤所說的「無極之眞」詮釋爲上天所賦界於人的本然天性，此一天賦之性他稱爲「理」。以上引文中引用了各經典對「性」的說法，並以各教經典中的精華語句，闡述各家對於天賦本性的描述。從所引用各家經籍的文字中，可見他所採用的關鍵字在於「性」字，其間雖有「心」、「命」等語詞，然而最重要者在於「性」字。他認爲各教經典對於「人」之主宰的形容，即在於人與本體同體的本來性靈，而此一無爲之性，乃是古今修道者亟亟尋找的「人」之本源，主導人之生命活力的眞實主宰。因此三教聖人之所以能夠

〔註7〕程頤曰：「孟子言人性善，是也……孟子所以獨出諸儒者以能明性也。性無不善……性即是理，理則自堯舜至於途人一也。」《河南程氏遺書》第18卷（台北：商務印書館，1965年），頁226。

〔註8〕鄧克銘：《宋代理概念之開展》（臺北：文津出版社，1993年），頁26。

成佛、成聖、成道，就在於正視天賦本性的性命本源。是以三教經典所說千萬法言，歸根究底只是教人認識自我之「性」，了解有形的肉身並非生命本體，無形之「性」才是生命本源。因此見性、養性、鍊性乃是藉由肉體的修持，見識自我本性的源頭，認識何謂真正的本「我」，是故三教所謂歸一、守一、一貫之「一」即是指天賦之「性」，而「性」的根源在於「理」。就宇宙整體而言，「理」是世界的主宰，而「性」則是個體的主宰者，故性源於理，性即是理，他所說「性與命原是一理」的本意即在於借用三教經典印證性即是理的本源涵義。

王氏對於各家經典之於「性」的詮釋觀點，皆以經文原典直接切入，頗有「六經皆我註腳」的意味，為了解釋性即理而理乃唯一不二，他博引諸家言性的典故，說明三教言「性」之說，證明本然天性的真實存有，並且以「理」闡述「性」之本源，將性即理的範疇落實於三教修持意義之中，朝向宇宙本體的根源談論人性之本。

王氏轉化「性即理」的哲學意義成為宗教範疇的修道義時，仍不忘回歸性善的基本前提，以性善就是性即理的核心思想，他在〈大學解〉說：

> 孟子曰『性無有不善』此論理……論理者，然後知性無有不善，而謂之至善也。（頁5）

又於〈一貫探原〉說：

> 程子曰『人之生也眞而靜，其未發也，五性具焉』此性即孟子性善之性也。（頁108）

他將性善的理念回歸於程頤所說的性善為性之本的基本前提，以孟子的善性思想，做為性即理的主要立論，並且將人性之本直契「理」的本源，以三教論性經義證明本然天性與本體同體同德的特性，作為他傳道揚教的理論根本。

四、程、朱的理一分殊

理一分殊的命題乃由周敦頤、張載開啟，迄二程始明確提出，至朱熹發揚光大，成為理學思考的重要範疇。程頤認為理一與分殊是體用本末關係，理只有一個，天下無二理，但因「用」與「末」有許多作用，因此只論理而

不言分殊，或只言分殊而不論理，都有偏差。一理統萬事，萬事歸一理〔註9〕二者等齊同觀，才能見識世界之全體。朱熹則從事的差異性認識萬物的本體根源是獨一無二的，〔註10〕認為理一是體、是本，而分殊則用、是末，因此「理一分殊」說明宇宙整理和部分，統一性和多樣性存在的事實。「理一」係指整體或一般性；「分殊」則指部分和個別，代表世界的多樣變化，二者結合起來，即是對宇宙的全部看法。〔註11〕

　　王氏對於宇宙萬物的統體與個別性，紹承了程、朱理一分殊的觀念，藉此解釋本體與萬物間的關係。並以回溯「理一」的本源思想為人之生命意義的終極理想與目標，在〈一貫探原〉云：

> 此理也，未入二五之中，為萬物統體之天，既入二五之中，為物物各具之天。自天而分謂之命，主持形畍謂之性，天一大天，性一小天。天有元亨利貞，性具仁義禮智。人能實踐仁義禮智，謂之率性。人知此性分於天，仍將此性還乎天，謂之合天……天即人而人即天。
> （頁 118）

所謂末入二五之中，即是「無極之真也」，就宇宙全體而言，乃指宇宙之本體、主宰，萬物未落入陰陽五行的運轉交迭之前乃為本體所統攝，與本體合而為一。迄至具有陰陽五行交感所形成的個體後，則每一個體都具有獨特的性質，因此所呈現的行為面貌亦不相同。個體雖因五行材質之異而呈現不同的後天氣質，然而其天賦之性的本源卻是齊一的。因此若能體會人人天賦性靈源於一體，認識「人」之真實主宰，體現天人一貫的通徹之理，則人之「性」雖由本體而來，但是在分入個體之後，也能夠展現天體的本質，呈現天地養育群生的大德，與天體同性同理，如此即所謂天即人而人即天。因此他說天一大天，而人一小天，天體的總體即是「理一」，而分入於個體之中即是「分殊」。

〔註9〕　蒙培元：《理學範疇系統》（北京：人民出版社，1989年），頁81。

〔註10〕　《朱子四書語類》第十四卷記載云：「或問理一分殊？曰：聖人未嘗言理一，多言分殊。蓋能於分殊中事事物物、頭頭項項，體會的其當然，然後方知理本一貫。不知萬殊各有一理，而徒理理一，不知理一在何處？聖人千言萬語教人，學者終身從事，只是理會這箇。要得事事物物、頭頭件件，各知所當然，而得其所當然，只此便是理一矣。」（頁343）又第五卷言：「萬物皆有此理，理皆同出一原……物物各具此理，而物物各異其用，然莫非一理之流行也。」（頁121）。（上海：上海古籍出版社，1992年）。

〔註11〕　朱熹：《朱子四書語類》第14卷，頁77。

因此萬事萬物俱由理一本源而來,「分殊」則表現於宇宙萬物,使之各循其序,生生不息,成一多樣變化的繁華世界。

所以王氏所謂「天即人」即是理一,說明了人的本性皆稟天而來的同一性。但因後天所具備的材質不同而呈現不一樣的個性,因此必須踐行仁義禮智,配合天體的元亨利貞,才能回歸性命本源。「人即天」正是說明了分殊必須以理一為最終歸依之所,成就天人一貫的生命意義。

程、朱以理一分殊說明世界的體用、本末、整體與個別,以理為宇宙唯一的本體與萬物的根源,並且做為區別宇宙世界的同與異,說明天地生成的原理。王氏接受程、朱理一分殊的觀念,在此觀念中以人性根源與宇宙同體的理念大加闡揚,以回溯本體為信仰的中心,將傳統天人合一的思想藉著宗教信仰的理念而具體呈現,關心人的性靈,體現天人一體,闡述他「理一分殊」觀念的認知,雖傳承程、朱思想,卻在回歸本體的核心思想中講述他不同於理學家的觀念所在。

王覺一對於「理」的觀念雖啟蒙於程、朱理學一派,然而卻多有轉化發明。他藉用原有的理學專有名詞,闡述他對「理」的認知與體驗,引用三教經籍的精華(扼要)語句,證明「理」本體的獨一無二及人「性」源於本體的終極理念。因此他在闡揚「理」觀念時,雖使用理學固有名詞,然而名詞之外思想內涵,卻是宗教的信仰理念。因此他是一位以人生信仰為歸依的傳道士,而不是傳承理學思維的理學家。

第二節 王覺一對於「理」的詮釋

王覺一對於「理」的承繼是以理學家的天理觀念做為前提。在此前提裡,他使用理學思想範疇原有專有名詞並加以轉化延伸,成為理學思想與宗教理念的結合。藉此可知理學在學術界以外的發展空間,也可探察千餘年來理學思潮與民間文化的結合狀況。

理學在民間教派的教義思想中,所被受重視的是對於人生終極目標的追尋。王覺一藉用「理」的概念,闡述理學家所忽略的人生終極問題,利用理學的基本觀念,轉化發展屬於民間宗教的教義思想,作為信仰者的修持圭臬與傳道的立論之說。因此王氏對於「理」的觀念,或有傳繼理學家的說法,然而泰半乃融合三教之說,將「理」提升為聖人所追求的真理,也是人必須

正視歸往的根源，此乃王氏對於理的觀念與理學家大異其趣之處。

一、理為宇宙的本體及運行規律

　　「本體」一詞在哲學範疇中是指宇宙的本源，第一存在或第一原理的問題。〔註 12〕而在宗教的認知中，除了涵括哲學的本體涵義，更具有造物主未生天地以前的本有時空及人物性靈的根源地，也就是「無極之真」的本來處所。不因生而有，不隨死而無，本自存在。而宗教家窮極一生的心力，就在於追求宇宙的本源之所。

　　程、朱將「理」視為宇宙的本體，〔註 13〕此一觀念在王氏的詮釋中大加發揮，〈大學解〉云：

> 理者，無極之真也。未有天地，先有此理，天地窮盡，此理復生天地。（頁 1）

王氏繼承周敦頤以無極為宇宙的本源，而所謂的無極之本也就是「理」。因此無極與理雖異名而同實，俱為天地的根本宇宙萬物的本體，始終存在寰宇之中，不因天地的始終而生滅。因此天地未立之前祂已存在，天地窮盡消失祂依然存在。天地世界的一切事物俱出於理，這是理一分殊的具體應證。理為宇宙的本體天地的本源，因此理的作用分入個別事物之中時，無所不在亦無所不理。〈大學解〉云：

> 此理之所以無所不理，各得其理。其體至虛，故萬殊在於一本；其用至神，故一本能應萬殊。至虛則一無所有，而無所不有；至神則淡然無為，而無所不為。（頁 2）

在此說明理雖無形體，卻能貫穿萬物，萬物必須倚賴理而生。因此理雖虛無不可見，然而其作用卻無時無刻主導宇宙天地的周流運行，萬物倚無形之理而化育不悖，因此理是天地萬物賴以生存的原動力。程顥對於「神」的解釋是「妙萬物而言」〔註 14〕說明「理」神奇巧妙創生萬物，並且使萬物各循其序、運行不悖，是以理雖一無所有而無所不有，淡然無為而無所不為，其為

〔註 12〕蒙培元：《理學範疇系統》，頁 1。
〔註 13〕朱子云：「未有天地之先，畢竟也只是理。有此理便有此天地，若無此理，便亦無天地、無人無物，都無該載了。」《朱子性理語類》第 1 卷（上海：上海古籍出版社，1989 年），頁 1。
〔註 14〕朱熹：《河南程氏遺書》，頁 145。

宇宙的主宰，主導宇宙天地的創生化育。

理既為宇宙本體，萬物皆據理而生，因此理掌控宇宙的運行規律，天體間的一切事物，都因理的主導而各有軌道規矩，因為理的作用天地萬類各有規律，是以萬類更迭雖變而有常。〈大學解〉言：

> 斯理也，在天謂之天理，在地謂之地理，在人謂之性理，在物謂之物理，在事謂之事理，文有文理，道有道理。（頁 4～5）

又〈一貫探原〉說：

> 此理無所不理，萬物統體一理，物物各具一理。故天有天理，地有地理，物有物理，人有性理。（頁 81）

理是現象界一切規律，祂無形間使天地萬物之間都有一定的聯繫，這種聯繫構成宇宙間的次序條理。〔註 15〕因此若無理的主導，則天地間必紊亂無序，不成世界，〈大學解〉說：

> 故天失理，則星斗亂度；地失理，則山崩川溢；人失理，則倫常乖舛；文無理，則行之不達；道無理，則修之難成。（頁 5）

他說明了凡宇宙間的一切事物都必須具備「理」才能循其軌道而行，天地賴理以生長，萬物賴源以生育，人倫、辭章、宗教上的修煉都必須依理而行。洞悉宇宙根源之所，見識天地本源的神妙，藉以了解宇宙一切生化運轉之道，都是依「理」而成。因此王氏紹承理學的本體觀念，視「理」為本源、本體，是宇宙間的第一存在。而人的性理乃與此第一存在並存共生，乃為生命的本源與終點，也是宗教人修煉意義的目標。王氏將「理」的意義與宇宙主宰同體，藉以衍伸他的本體理念，說明「理」獨一不變的真實存在。

二、理為天地生滅的主宰

宇宙論乃指討論宇宙自然界的生成、發展等問題。中國的宇宙論是屬於循環的宇宙論。孟子曾說「五百年必有王者出」他雖說明期待救世聖王的出現，然而卻由此看出先秦哲人對於宇宙週期的思維模式，在這個樸素的救世思想中，透露時人對於週期循環的想法。迄至漢代，整個宇宙生滅的循環週

〔註15〕張立文：《理》（北京：中國人民大學出版社，1991 年），頁 5。

期理論可算完整建立。〔註 16〕爾後對於宇宙循環週期雖不同的推算法則，卻仍然不脫循環週期的思考模式。

　　就天地之毀滅而言，王氏接受邵康節以元、會、運、世為宇宙一終始的循環理論。〔註 17〕邵雍將天地生滅週期以一元十二萬九千六百年為一循環，周而復始，生滅不已。至朱熹時則更確切肯定邵雍的說法，以子會開天，丑會闢地，寅會生人，戌會閉物等視為天地萬物的生成過程，周而復始的生滅循環。〔註 18〕王氏接受這樣的宇宙週期觀念，但他認為「理」是主持此一週期循環的主宰，是以無論天地如何發生變動，「理」並不落入這個循環體系中。〈三易探原〉云：

> 不易之理，靜而能應，無中無始，不落陰陽，而實能主宰陰陽、終
> 始陰陽，而為一陰一陽之母。（頁 57）

天地萬物的生成都是因為陰陽五行運動交感與溝通流行而產生，也就是由於太極的運轉作用而開天闢地，化生萬物。因此有形的天地並非永遠存在，將隨宇宙週期而生滅終始，唯有「理」本體，不落入此一生滅週期之中。「理」是宇宙的本體根源，獨立於陰陽五行之外，因此不參與整個生滅循環的過程，但卻是這個過程的主宰。「理」無終無始，本自存在，雖獨立陰陽之外，卻為陰陽的主體本源，故為陰陽之母，能夠終始陰陽。〈一貫探原〉說：

> 自子會開天，至戌亥二會，天地終窮之期，慾界、色界、無色界咸
> 歸無有，而此理復生天地。（頁 40）

他說明了自子會開天宇宙開始生成，迄至戌亥二會天地盡滅，一切有將歸於

〔註 16〕 李豐楙：〈六朝道教末世救劫觀〉，沈清松（主編）：《末世與希望》（臺北，五南圖書，1999 年）。

〔註 17〕 《皇極經世書》云：「日為元，元之數一，月為會；會之數十二，星為運；運之數百六十，辰為世；世之數四千三百二十。則是一元統十二會，三百六十運，四千三百二十世。一世三十年，則一十二萬九千九百年是為一元之數。」見邵雍：《皇極經世書》（臺北：臺灣中華書局），頁 8 右葉。

〔註 18〕 《朱子四書語類》第十一卷「康節元會運世之說，十二萬九千六百年為一元…第一會第二會時，尚未生人物，想得地也未硬在。第三會謂之開物，人物方生，此時屬寅。得到戌時，謂之閉物，乃人物消盡之時也。」又說「天地肇判之初，天始開，當子位，故以子為天正。其次地始闢，當丑拉，故以丑為地正。惟人最後方生，當寅位，故以寅為人正。即邵康節十二會，當寅位，則有所謂開物；當戌位，則有所謂閉物，便是天地間都無了」，頁 281。

無。這是天地生滅週期的必然現象，一切有形物體將隨之消滅，宇宙回歸混沌未開的原始狀態。但是理並不因此而消失，祂依然存在，主掌一次又一次的循環體系，是宇宙間開天、收天；成物、閉物的主宰。

因此就宇宙生成論而言，王氏乃在大傳統的思潮中開衍「理」的思想，藉著宇宙的生滅週期，說明「理」的浩瀚神妙。雖無形卻掌控有形，雖無體卻主宰聲色形體，為一切天體時空的主體。是以「理」主持宇宙天地的生滅，主宰宇宙週期的律動，為萬有之主，是超越時空的實體，形而上的宇宙總理，統體天地萬物的一切生成變化，主導宇宙生→滅→生不斷循環創生的生物之主。

三、理具有道德倫常的意義

理具有人倫道德的意義，此為理學家論理時的重要義涵。二程子說：「人倫者，天理也。」朱熹也說：「須知天理只是仁義禮智之總名，仁義禮智便是天理之件數。」﹝註 19﹞程朱將人倫作為天理，將人類社會的道德原則，提升為宇宙的普遍規律，使儒家傳統的道德觀念與宇宙本體結合。由宇宙本體的根源談論道德原則，使人之道德理念找到本源性的依據，而「理」具有倫理道德的意義則成為理學家討論「理」時的共同認知。因此無論言體論用，必須融攝倫常道德的原則規範，才能體會天理存在的真實無妄。

就討論「理」的特質，王氏承繼理學家天理與人道結合的本意，而人道體認天理，就是天理涵括人道。他在〈一貫探原〉說：

> 性即理也，理即五常。（頁 83）
>
> ……天道之元亨寓焉，而仁禮有其根矣……天道之利貞寓焉，而義智有其基矣。（頁 117）
>
> 王道必本天德，性命不外倫常。（頁 119）

王氏以孟子性善理念為根柢，闡述性即理的思想，將人倫與天道結合，談論人性之本於天以及具有天理的內具特質。因此他說「理即五常」乃就二程子之「人倫者，天理也」大加發揮。是以將天德之元、亨、利、貞的創始，結合人性之仁、義、禮、智，使天理與人道結合成一循環，互依共存不相違背。因此無論個人的修持或國家的治理都依天理而行，遵循人性的內具道德，使

﹝註 19﹞ 程顥、程頤：《二程全集・外書第七》（臺北：台灣中華書局，1966 年），頁11。朱熹：《朱熹全集》卷 40〈答何叔京〉（臺北：臺灣光復書局），頁 39。

得理、性相應煥發，展現天理人德的光明之道。

「理」的道德內具意義結合宇宙天德與倫常規範兩者而言。因此是亙古不變、恆久不易的價值真理，而王氏在此認知中強調理恆常不變的特性，他說：

> 經中理也，理則常而不變…常而不變者，三綱五常，亙古不易（〈大學解〉，頁 37）

> 理主五常，常則恆久不變。（〈三易探原〉，頁 39）

理為宇宙的本源萬物的主宰，因此不隨萬物興衰而改變，無始無終，永恆存在，亙古不滅。而道德五常乃為理的內具意涵，隨理而長存，不因天地的更迭嬗變而轉易。是故此「常」除有倫常道德的意義，更兼有不易、不變的意思。因此就內涵談「理」，王氏可謂融攝本體論與宇宙生成論，涵括道德意義，使「理」成為亙古不易的至經常道，恆久不變的真理。

王覺一對「理」的詮釋，可說在理學家的基礎上，融匯個人的體驗而精進之。他認為理是宇宙的本體與生滅的主宰，說明了理具有超越物質的特性，因此雖沒有形體聲色可見聞，但是宇宙天體的一切物質現象，都必須倚賴理的統籌作用，才能循序漸進的生成運行。因此理是人類性靈的本源，宇宙生物的本體，唯有正視、認識理超越萬有的神妙與常人不易知曉的特性，才能尋回人類性靈的歸根之處。

因此他將人倫道德落實於宇宙本體談論，無非由天體天德的美善之性談論人性。人性由本體而來，是以具備與天體同德的本性，此一完善的德體絕非聰穎之人才具備擁有，而是人人本具之德，不需外鑠強求。因此無論個人的修養或國家治理，都必須依循生而內具的天德行為處事，散發天人同體同德的光輝。

王氏對於理的觀念雖有承傳與轉化，但是最重要的必須落實宇宙本體的道德內具本質，直契人性天生之德，如此才能正視他談「理」的核心意義。

本章小結

由王覺一對「理」的認識與詮釋，可知他受理學的影響甚鉅，尤其是程、朱的觀念思想。然而他在理學家的啟示裡，重新再詮釋，轉化成為傳道立教所需的教義思想，因此有所創新發明，而非固守傳統之說，無所適從。藉此

可推測，理學雖在晚清末年的學術界中已逐漸衰退勢微，然而卻在民間宗教中萌芽，成爲一教的教義思想。

　　總攬王氏對於傳統觀念的承襲，可以發現他並非全盤接受或一味否定，而是取其所需，再依其新義重新詮解，乃是「六經皆我註腳」的詮釋法。因此他對理學家思想的傳承，多由原典經文入手，再加以開展演繹，配合他所宣揚的教義理念。因此有時並不是十分了解某一位理學家的全部思想，但是這一位理學家的著作原點，經文中某一段語辭能夠藉以闡述他的觀念想法，他即採用，並沒有十分嚴謹地洞悉作者的原意，頗類一種「斷章取義」的詮釋方法。這樣的詮釋角度雖有偏頗，然而面對一個民間宗教家，他爲了宣揚他所主張的教義，不得不佐取所需以傳述其宗教理念，因此不能以今日學術界的嚴謹態度加以苛責。

　　王氏博覽群經、學綜古今，可是在接受其著作時，必須抱著他是就經書「原文」大加發揮的宗教人。如此才能進入他所撰述的教義思想之核心，否則將永遠只是從指正或批評的立場，而無法理解其苦心孤詣之所在。

第四章　理天析探

　　王覺一深受程、朱「理」一觀念的影響，然而其思想理念卻在吸收理學的基本觀念後，加以轉化，成為一家之言。是以「理」一詞，雖然取諸理學家之用語，但仍有其不同於理學家詮釋說法。他取用「理」一詞，藉以說明理是宇宙的本體、根源。而人物之生，也是由此理而來，藉以談論生命本初的根源，及回歸本體的必要。這種對生命終極意義的強調與追尋，是理學家較忽視的。他借用「理」的名號，闡述民間宗教中「理」的意義，建立由「理」的意涵所融攝的宗教思想體係。在〈大學解〉中曾說：「天有理天、氣天、象天之分；故性有理性、氣性、質性之別；而心亦有道心、人心、血肉之心之不同；此愚人、賢人、聖人之學問、見地、造詣之所由分也。」（頁1）由此可知，他將天分為三個層次：理天、氣天、象天。由天的層次差別、導引人性不同心性涵養，解釋其所呈現特質差異所在，區分聖、賢、愚的不同，是以天論是一切的根本，由天論而開展其思想體系。故欲深入王氏思想堂奧，必須以天論為核心，擴展其本體論、宇宙論、心性論，三者等同其觀，不可偏執一方，才能洞悉其思想體系的宗旨。「理」是王氏思想的本體，「天」為世界的本源，此一章節即欲由理與天兩個觀念討論《理數合解》的「理天」思想。

第一節　理天的意涵與代稱

　　身為民間宗教家，王覺一的思想雜涉三教經典。因此他對同一觀念往往會取材三教經典的說法，以佐證其所闡釋的教義是三教聖人共同追求的真理，所以他常使用不同的名詞解釋同一觀念。本節即欲探討「理天」一詞的思想承傳與字義來源，並說明理天的其他代名詞。

一、「理天」的字義探源

　　「天」在中國人的觀念中，代表著生人生物的萬有本源。〔註1〕自程、朱以來，「理」象徵宇宙萬物的根本，是一切的本體，王覺一接受程朱理的觀念，並與傳統天的思維結合，進而開展「理天」的思想。

　　「理天」一詞，源自二程「天者，理也。」〔註2〕及「理便是天道。」〔註3〕的觀念。〔註4〕二程子對天的描述亦循「理」的思路而開展，認為天是「萬物之祖」、「萬物之始」〔註5〕也就是天是宇宙萬物的主宰和最終的根源；以天為理，回歸於宇宙本體的意義，使「天即理」的主張更具體化；是故朱子說：「天之所以為天道，理而已，天非有此道理不能為天。」又說：「循理而行，便是天也。」，〔註6〕因此「天」之義不再只是自然的天，而兼含有三義：自然（天空之天、天地之天、天然之天）、神（皇天之天、天命之天）、義理（天道之天、天理之天）等涵義。〔註7〕是以二程子才說：「以形體謂之天，以主宰謂之帝。」〔註8〕「天者，理也。神者，妙萬物而言者也。帝者，以主宰謂之帝。」〔註9〕因此天、神、帝都不外乎理，此處所言實為「理」的作用〔註10〕。

　　天的涵養原本眾多，〔註11〕但經理學家以「理」談論時，天的意義則重

〔註1〕　梁啓超：《飲冰室全集‧學術類》。

〔註2〕　朱熹：《河南程氏遺書》，頁145。

〔註3〕　朱熹：《河南程氏遺書》第22上，頁316。

〔註4〕　道與理是二程哲學中重要的本體範疇，二者雖相似（道即理）但仍有差別。1. 理為道之散，道為理之統。程頤說：「散之在理，則有萬殊；統之在道，則無二致。」（《伊川易傳‧易序》）。2. 道是總名，理有時指具體物理。程頤說：「合而言之道也。仁固是道，道卻是總名。」（《河南程氏遺書》第十五）「寂然不動，感而遂通，此已言人分上事。若論道，則是萬理皆具，更不說感與不感」（同上）這裡所謂道，是指宇宙總規律、總規則，包括天道和人道，物理和性理。張立文：《道》，（北京：中國人民出版社，1989年），頁172～174。及蒙培元：《理學範疇系統》，頁38。

〔註5〕　程頤：《伊川易傳‧乾卦》卷1（臺北：臺灣中華書局），頁1、3。

〔註6〕　朱熹：《朱子四書語類》第12卷（上海：上海古籍出版社1992年），頁301、300。

〔註7〕　張立文：《中國哲學範疇發展史（天道篇）》（北京：中國人民出版社，1989年），頁66。

〔註8〕　程頤：《伊川易傳‧乾卦》卷1，頁1。

〔註9〕　朱熹：《河南程氏遺書》第11卷，頁145。

〔註10〕李日章：《程顥‧程頤》（臺北：東大圖書公司，1986年），頁62。

〔註11〕馮友蘭：《中國哲學史新編》（台北：藍燈文化，1993年），頁97中，認為天

在宇宙本體的根源與主宰者的地位，其重要性遠甚於蒼蒼者的自然天。

王覺一將「理」、「天」合而言之而爲「理天」。除了兼攝程、朱學派「天即理」的思想，並將其神學化，進一步演繹成無限宇宙空間的不滅意義。認爲理天存在著超自然、至高無上稱爲「無生眞宰」的人格神（〈大學解〉，頁29）。宇宙世界的形成與生物的生長，都出於「無生眞宰」的意識主導。祂是理天界至高的主宰神，也是世界根源的主神；是天地的創始者，也是世界各地百姓膜拜的對象，不因區域之別而有不同。故王氏說：「中華稱之曰上帝，西域尊敬之曰天主，合而言之曰道，曰天地三界十方萬靈眞宰。」（〈三易探原〉，頁40）說明人類對宇宙創始者的敬仰，雖然稱呼不同，但是發自內心的讚嘆與景仰，卻是相同的。無論稱呼上帝、天主、道、或萬靈眞宰，都是人類對宇宙創始者的敬稱，表示人類對祂造化大地萬物的崇拜與仰望。而宇宙創始者、天地的主神居住在理天，主持宇宙世界的生滅循環，是宇宙本體的最高神。所以民間教派中以「無生」稱呼主宰至高神，乃由「無生」以見「生生」的造物雄偉與神妙。故理天成爲上帝等至高人格神的居住之所，帶有「天堂」的觀念，具備宗教上的意義，使得理天成爲一種實體而非觀念上的抽象名詞。在吸納程、朱「天即理」的理論，又融入他身爲宗教家所追求的終極實體，「理天」成爲王覺一宗教體系的核心範疇。

二、理天的代名詞

「理天」是王覺一闡述思想時所使用的專有名詞，有時爲了解釋理天的特質，或卻以某一經典內的名詞特性闡釋理天的本質，他會以其他名詞代替「理天」一詞。茲將這些理天的代名詞分述於後：

（一）理即理天

「理」是王覺一思想體系中的最高範疇，也是宇宙的本體與主宰，接受了二程子「天即理」的觀念，理的意義更爲之擴大，使理不僅具有知識上的認知，更具有無限空間的宗教意義。因此他對於「理」與「理天」並未予以截然分明的意義詮解，而是彼此意義相通，交錯使用，下列引文可知其大要：

> 本然之性，道心、元神、天賦之命，出於理（〈大學解〉，頁6）。

有五義：物質之天、主宰之天、意志之天、命運之天、義理之天（道德之天）；傅偉勳教授認爲天有六義：天地之天、天然之天、皇天之天、天命之天、天道之天、天理之天，見《哲學與文化》第12卷第2期。

……本然之性、天賦之命，則來自理天（〈大學解〉，頁 34）。

此二文俱說明人的本然之性、天賦之命都來自「理天」，也就是二者皆由「理」而體現，展現源於理天的性命特質。

根據王覺一對「理」的詮解可以了解，「理」字可指宇宙的本體也可以分入個體之中。因此才說「此理之所以無所不理，各得其理。」（頁 2）；又說「天地之間萬事萬物，得理則善，失理則惡。」（頁 5）皆就理一分殊之體用而言，而理天則眾理所出之處，亦即每一個個體之理，皆源自於理天之中。故〈中庸解〉曰：「天賦之命、本然之性，堯舜不異於眾人，此未生以前得之理天者也，此亦曰天命之性。得之理天者，神爲元神、心爲道心。」（頁 34～35）因此理天可說是宇宙主體的根源地。是以王氏所言的「理一」即指理天，而「分殊」的萬事萬物之理，亦由理天而來。由於兩者的關係密切，息息相連，一者以全體見個體，一者以個體知全體，故二者並無截然劃分且意義相類，因此可以說理即理天，理天即理。

（二）無極即理天

王覺一接受周敦頤的思想，以「無極」爲宇宙的本體、萬物生成的本源。因此他認爲「理」與「無極」二者名稱雖異，而所言實一，二者皆說明宇宙的本體，萬物的根源，故理即無極，無極即理。因此他說：「無極者何？理而已矣。」〈一貫探原〉，頁 90）說明了無極派生萬物，是世界之源，是一切事物存在的原因和根據，[註 12] 而理天與理的意義可以相通。因此無極與理天的用詞雖異而所指者實爲一，他在〈三易探原〉說：

理天者何？無極是也（頁 44）。

無極與理天名號雖異，實爲一理。有時此二詞連接使用，以充份表達其形容本體的意思：

本然之性，來自無極理天（〈一貫探原〉，頁 91）。

說明了人天生稟賦的天性，乃自無極理天而來，與上述所謂本然之性來自理天實爲一義。以無極理天表示，只是加強用語而已，因此在他的詮述中，無極與理天的意義是相同的。

〔註 12〕陳廷湘：〈理學道德本體的合理性與其局限〉，《中國文化月刊》165 期，頁 51。

（三）不易即理天

不易之名，首揭《易緯‧乾鑿度》，孔穎達在〈周易正義序〉闡述「不易」
的意蘊時說：

> 不易者，其位也。天在上，地在下；君南面，臣北面；父坐子伏，
> 此其不易也（〈周易正義〉，頁 3）。

在此說明宇宙規律與人類生活中不可嬗變的原則，道盡了「不易」的主要意
義在於不可變更的內涵。是故孔氏才說：「不易者，言天地定位不可相易。」
（同上）即藉天地恆常不變的準則，闡釋「不易」的眞諦。

王覺一採用亙古不變的不易之理闡明理天的特質，所以他用河圖所具備
的五德特性解釋不易，〈三易探原〉言：

> 何爲不易？河圖是也。……河圖者理也……理本無象天現河圖以象
> 之。（頁 39）

理本無形象。爲了說明理具有仁、義、禮、智、信的內涵，上天特降河圖以
醒悟世人，讓人了解人人與生具有的理（本性）本是生而賦予的五德之性，
這是恆久不變的眞理。所以他屢屢以河圖象徵理與理天，即欲說明人的天生
內涵具有五德之性，闡述這種守經之常的不變精神，不易的義蘊亦由此而轉
化。河圖在民間宗教中，代表天數的演變與轉輪，具有宗教性。他以民間信
仰的象徵物解釋理天之德，說明本然自性的光明無染，因此他的理論乃在天
賦之德而開展。而不易的內容與理相類且與河圖之德相仿，因此他們之間的
義理與理天相通，〈一貫探原〉云：

> 河圖者理天也，無形之河圖爲理天……寂然不動，常而不變。（頁 103
> ～104）

在此說明河圖與理天守常不迭的至經常道，也解釋了不易的不變之理。由河
圖的精神導引出不易與理天的關聯，並藉由本然天性源自理天的眞理，闡述
兩者之間的交通等齊之義，〈三易探原〉云：

> 與道合眞，還於無極，謂之不易。不易則不生不滅，不增不減，不
> 垢不淨……言本然之性，來自理天，至精至粹，無垢無塵，靜而能
> 應，虛而能明。（頁 53）

不易的實質意義與無極相同，是本體不變的觀念，體現了理天永久存在，不隨時空更迭的眞實實體。藉著本然天性不因外物而增損，與生所具的純然至善、清淨光明，闡述了不易與理天的關係，也解釋了兩者溝通交流的意義，不隨物移、不因時轉的特性。

（四）至靜不動天即理天

王覺一在〈一貫探原〉圖言：「至靜不動天，此天即無極理天也。」直道至靜不動天（或稱不動天）就是理天，因此他說：「理者，不動天也。」（〈一貫探原〉，頁 80）稱理天爲不動天，可能是深受《周易・繫辭》的影響。在〈一貫探原〉就說：

> 繫辭傳曰：範圍天地之化而不過，由成萬物而不遺，通乎晝夜之道而知，故神無方而易無體。又曰：易無思也，無爲也，寂然不動，感而遂通天下之故。範圍天地之神，即至靜不動天，無極之理（頁 82）。

〈繫辭傳〉的原意是說明《易》足以表徵天地造化，成育萬物的生養之道與運行的準則。而天地間的運行準則是任物自然不假思索，所以是寂然不動的。但是此一造化天地之道卻是通徹每一生物，使之生生不息，就如孔穎所說的：「无思无爲，故寂然不動，有感必應，萬事皆通」（《周易正義》，頁 155）。

王氏將此範圍天地，曲成萬物的「天下之至神」歸諸於至靜不動天、無極理天的作用。因爲無極理天是宇宙的本體，萬物的本源。是故天地的造設，萬物的生養化育，悉歸於至靜不動天（即理天）的運行。是以他雖使用不同的名詞說明理天、詮釋理天，並且在接受程、朱「天，即理也」〔註13〕的天論範疇之後，轉化「理」、「天」的詞彙，結合民間宗教的信仰理念，視理天爲崇高至上的本體根源與宇宙的主宰，由此而撰述他的思想理念。

第二節　理天的本體論與宇宙論

一、理、氣、象的宇宙論

王覺一在〈一貫探原〉中首揭一圖（見下頁），闡述他有關理天——氣天

〔註13〕 朱熹對於《論語・八佾篇》「獲罪於天，無所禱也」之「天」的注解云「天，即理也。」《四書章句集註》之〈論語集注〉卷 2（台北：鵝湖出版社，1984年），頁 65。

——象天的天體觀念與模式。此一天體模式共有十層，最上層理天是宇宙的主體。第九層爲氣天是萬物生成的動力，萬物之生皆因此天的氣化流行。餘者月、木、金、日、火、水、恆等星界，稱之七政天即是象天，爲一切有形體可觀察的空間。理、氣、象構成了整個天體觀念。此一天體環繞大地成一世界，是王氏宇宙論的基本模式，一切生物的形成生滅俱在這個模式中運作。

在這個宇宙模式裡，氣天位居天體之中爲宇宙樞紐之要，故王氏論本體時，常藉宇宙發生論而溯源本體。是以本論文不採傳統先論本體後述宇宙論的方式，而是先述宇宙論再回溯本體論，以能更清晰了解「理天」的天論思想。

〈一貫探原圖〉

（一）氣天——天地萬物生成與變化的動力

自老子提出氣的生成論後，氣的觀念廣爲後人接受，他說：「道生一，一生二，二生三，三生萬物，萬物負陰而抱陽，沖氣以爲和。」〔註14〕的生成

────────────

〔註14〕老子：《道德經》第四十二章。

論，認為宇宙萬物的產生過程，皆由道化生出混沌的氣，氣化生陰陽之氣，陰陽之氣化生天地人，進而化生萬物。老子提出萬物內在都包含陰陽二氣，陰陽二氣的交感運動使萬物和諧生長的理論後，〔註 15〕「氣」的生成思想影響後人甚鉅。後世思想家認為氣是構成萬物的物質根源，由於氣的凝集、交流、運動，因而形成有形的物體。〔註 16〕因此「氣」是構成天地萬物的物質材料，〔註 17〕也是促成萬物生長的動力。

王覺一對氣的認知紹承傳統陰、陽二氣之說，他在〈中庸解〉說：「此氣雖渾然一團，而有陰儀、陽儀之分。」（頁 33）將陰、陽已分的太極圖，象徵氣的運轉流行，〈一貫探原〉亦言：

> 太極之圖，黑白已分，陰陽已判，陽升陰降，流行不息，循環往來。陽氣上升，自復至姤，元亨出焉，謂之陽儀。陰氣下降，利貞出焉，謂之陰儀。升降往來，寒暑代謝，太極非氣為何。（頁 90）

在此說明太極象徵陰、陽二氣的循環往來、交通流行，是動能、流行不已的。氣代表生生不息的運動狀態，在運轉流行的肇機中，推動天地萬物的生成與變化。

如同對「理天」的認知，理是其思想體系的核心主軸，再加上「天」的意義，則具有宇宙特定空間的意義。氣的觀念亦復如是，稱之「氣天」，乃是天體中的一個特定空間。他對氣天的解釋說：

> 氣天，上運星斗，下貫大地，寒來暑往，運行不息。積厚有色，謂之碧落；未厚無形，謂之虛空。碧落、虛空，莫非天也。氣無不在，即天無不在也。（〈中庸解〉，頁 33）

氣天主宰日月、星斗的運行規則，涵括眼力可見的世界與不可見的天界，是宇宙運轉的動力。這股動力雖不可見，卻充沛於宇宙間無所不在，藉由星斗的運行、四季的更迭變化，就可以感受這股無行動力主宰的運轉與變化。〈三

〔註 15〕 張立文：《氣》（北京：中國人民出版社，1990 年），頁 33。

〔註 16〕 （日）山井湧等著、李慶譯：《氣的思想》（上海：上海人民出社，1990 年），頁 344。山井湧認為，氣為宇宙的生成材料，自老子後鮮有改變，但將氣作為物質根源，並納入存在論中，是宋代才開始發展的。因此，「氣」的理論，在宋代又一高峰期，「氣」的思想則又演繹迭出，成為中國哲學史上的一大特色。

〔註 17〕 劉長林：〈說「氣」〉收於楊儒賓主編：《中國古代思想中的氣論及身體論》（臺北：巨流圖書公司，1993 年），頁 119。

易探原〉云：

> 一氣流行，無日不變，無時不易也。自一至九，這臨泰壯夬乾，此
> 太極之陽儀也。自九至一，姤遯否觀剝坤，由夏入冬，此太極之陰
> 儀也（頁 41）……太極之天，貫乎大地之中，包乎大地之外，至星
> 斗天而止。二十八宿經星，隨天而轉（頁 42）……太極之氣，半陰
> 半陽，陰氣為寒，陽氣為暖……四時不自寒熱溫涼，發長收藏也，
> 氣使之然也。蓋太極之氣，上徹星斗，下貫大地，雖彌綸而無間，
> 實萬分之不同。（頁 43）

這股太極之氣通貫天地之中，主宰宇宙間星斗的運行，主控四時的嬗變，這
股力量通徹於有形天地中，至二十八星宿界而止。雖然無法目睹「氣」的流
轉，但是藉由大自然界的變化與日月星辰的轉移，則「氣」主宰天地的動力
可藉此而證驗，因此才說「氣天流行，寒暑代謝，動而有跡可見」（〈三易探
原〉，頁 44），說明了氣天流轉運行的特性。為了說明氣天流行不息的特性，
他以「宗動天」、「變易」之名做為氣天的代稱，[註18] 以說明氣天運行日月，
無時不轉；主宰四季，隨時而變的動態特性。

氣天的動力主控星辰運轉與四季交換變化，這股無形的「氣」更是生成
天地、萬物的原始力量，〈三易探原〉云：

> 太極之氣，雖無形象，而能形形象象；雖無聲臭，而能聲聲臭臭。
> 其始也，萬物遂之而有始；其終也，萬物遂為而返終。太極之氣，
> 陽清陰濁，清氣成形之者大為天，天包地外，載星宿日月而運行不
> 息。濁氣成形之大者為地，地處天中，載山川動植而厚重不遷。天
> 以氣生萬物，氣以升降分陰陽。（頁 68）

他說明了氣雖無形象可見，無聲臭可聞，但卻是天地、萬物生成的原始物質，
天清地濁，運行日月，厚重載物，一切俱為氣的作用，使得宇宙間的運行，

[註18] 孔穎達〈周易正義序〉對「變易」的詮釋曰：「變易者，其氣也。天地不變，
不能通氣，五行迭終，四時更廢，君臣取象，變節相移，能消者息，必專者
敗，此其變易也…變易者，謂生生之道，變而相續，皆以緯稱，不煩不擾，
澹泊不失。」《十三經注疏本》（台北：藝文印書館，1993 年），頁 3。〈三易
探原〉云「變易之易，太極氣天也」，頁 42；〈一貫探原〉「宗動天雖一氣渾圓，
上貫星斗，下貫人物，屈伸往來，默運四時，終始萬類」，頁 75。可見氣天又
名變易、宗動天，以言其變動的特性。

自然界的生成，都循一定的規則而行，長養萬物。因此氣是一切有形象物體的本原（包括天地、日月、星斗、萬物），是物質現象成形的主要力量。誠如程、朱所言「生育萬物者，乃天之氣也」〔註19〕、「五行陰陽七者滾合，便是生物底材料」〔註20〕認為氣是構成宇宙萬物的基本元素，雖是無形卻是自然萬物或生命的本原。〔註21〕故王覺一說「陰陽五行之氣生萬物」（〈三易探原〉，頁 69）說明了萬物生成係因為氣的運轉而開始其生命的契機。此「氣」默運四時、上貫星斗、中貫人物、下貫大地，運行不息，無處不在，說明了氣貫通天地萬物，維持了萬物生存與宇宙運行規則的主力。

　　氣天雖為天地生成的動力與主宰，但卻不是永遠的存在。因為氣天只是大宇宙中的小宇宙，是以雖掌控天地萬物的生成，但卻不是宇宙界的主體。因此氣天界的空間也是有生有滅的，而非綿延無絕的永遠存在，〈中庸解〉云：

> 氣天上貫星斗，下貫大地，十二萬九千六百年為一終始，流行不息，
> 變而有常之也。（頁 34）

王覺一深信元、會、運、世的生滅之道，認為有形象的物體必隨此一循環而毀滅，而後再另一個創世紀。氣天的星斗運行、日月變化、萬物生成的動力與主宰，乃為物質現象的本原，因此也屬於物質層次的一環，將隨有形物體而消滅，其循環時間為十二萬九千六百年為一終始，配合由無至有、由有歸無的生成循環。此一時空生滅觀念，乃明清民間教派中共同宣揚的劫運觀念，藉以讓人認識本體、回歸本體，躲避時空生滅週期的劫難，所以氣天的運轉動力雖然廣大，但是終究不是宇宙根源，亦將隨週期而滅亡消失。

　　氣或氣天（太極、宗動天）在王氏的理論中，只是生成的動力與構成物質的元素，而非宇宙的本體。所以他的思想雖淵源於朱熹甚多，但他不同意朱子以太極為理，以太極為宇宙本體的觀念，他認為「太極已落陰陽，非氣為何。」（〈三易探原〉，頁 44）可知他對經書的使用與思想的傳承，乃採用原文記載的意義，並不刻意探求作者本意與後世詮釋者的意見，而是直接擷取所需的經文當作註腳，作為他發展思想觀念的應證。由此可知他直契周敦頤以無極為理，而將氣視為生成的動力而非宇宙的本體，這是他與理學家認知不同之處。

〔註19〕朱熹：《河南程氏遺言》卷 2〈天地篇〉，頁 3 右頁，收於《二程全書》第三冊（臺北：台灣中華書局，1966 年）。

〔註20〕朱熹：《朱子語類》卷 94（臺北：中文出版社，1982 年），頁 1341。

〔註21〕朱熹：《河南程氏遺書》，頁 89。

（二）象天──現象界的存在

　　氣的運轉推動形成現象萬物的呈現與存在，張載在《正蒙·乾稱》曾云：「凡可狀，皆有也；凡有，皆象也；凡象，皆氣也。」〔註22〕說明一切有形的存在都是象，象的本質是氣，因此象是氣化造作的結果。〔註23〕所有的萬物現象都是氣的推移、轉動而產生，是以凡屬於「有」的可象之物俱為氣的作用。

　　王覺一說：「宗動天有氣有象。」（〈大學解〉，頁23）又說：「太極之氣，浮沈升降，默運四時，高者輕清而行速，下者重濁而行遲，此象天七政之所以錯綜也。」（〈一貫探原〉，頁78）說明氣天包含象天，因為氣天之氣雖無形不可見，但是氣的運轉、作用卻深入現象界所有萬物之中。因此所有可視之物都是因為氣的作用才開啟其生命、形體的契機與存在。然而氣的運轉有快有慢，在這速遲的交換中形成了星斗運轉速度不一，是故宇宙界的長空星斗，其運行週期並不一致，此乃氣的轉行速度不一的結果。所以放眼長空可觀察的星宿，都是屬於象天界的範圍，依〈大學解〉頁24、〈一貫探原〉頁75、〈一貫探原〉圖所示，所謂「象天七政」意指象天界乃由月、木、金、日、火、土、恆等七個星宿所組成的天界空間。此一天體與大地萬類構為一個有形可視並有生命存在的空間，這樣一個可觀察、可體觀感受、可以數目推測的現象界〔註24〕稱之為象天。此中之「天」仍然維持特定空間的意義，以說明現象界時空所呈現的一切。

　　王覺一以「交易」之名〔註25〕說明有形物體的產生，主要的關鍵在於因為陰陽二氣的「交感流行」進而產生天地萬類，他在〈一貫探原〉云：

　　　蓋質之象本於日月。日月者，男女之象也；乾坤者，父母之象也。日

〔註22〕張載：《張載集》（台北：漢京文化，1983年），頁63。

〔註23〕劉長林：〈說「氣」〉，收於楊儒賓：《中國古代思想中的氣論及身體論》（臺北：巨流圖書公司，1993年），頁130。

〔註24〕所謂以數推測者，如以元、會、運、世推測氣天與象天的生滅，以氣的虛盈，推測七政星斗的運行速度，或以三百六十爻推算天體運行及演變。類此者，皆在可視可見的現象界之中，為象天的一部份。

〔註25〕交易一詞出自毛奇齡《仲氏易》云「交易，謂陰交乎陽，陽交乎陰也」，指陰陽互相交通對流。陰陽的交互作用，陽有「先與之，後取之」的德性；陰有「先取之，後與之」的德性。「取」、「與」即是對立物交通，其過程是作為宇宙萬物根本的「陽」，先將元素散發於「陰」，「陰」從「陽」中取得所需「陽」元素與自身「陰」元素交配、溝通，從而生育繁衍萬物，再返回「陽」，如此周而復始，永不停息。張其成：《易學大辭典》（北京：華夏出版社，1992年），頁4。

交於月而生卦爻；天交於地而生萬物，此交易之易也，質也。（頁 110）

他所說「質之象本於日月」恐受《周易·繫辭》所說「懸象著明莫大乎日月」所影響，[註 26] 以日月、男女、天地代表陰陽之交感而生萬物。所以一切物質現象的產生，都起於現象界的陰陽交感作用。然而之所以日月、男女、天地等陰陽屬性的物質現象，則根源於氣天之氣的運轉更迭，故曰：「交易之象，本於變易之氣。」（〈一貫探原〉，頁 110）職是之故，氣是推動萬物生成宇宙星斗運行的動力；象天則為一切有形物體的呈現，包括天地、星斗、萬物等現象界之物。因此「天氣交地而萬物生。萬物之雌雄亦如天地，故有形可見，為交易之易。」（〈一貫探原〉，頁 91）又說「三光大地，雌雄萬類，有質可見之物，天地交而生寒暑，日月交而生朔望，雌雄交而生萬類，為交易之易也。」（同上，頁 95），以陰陽交感而生萬物來闡述現象界有形之物的存在，而現象界的存在不離氣的效用。因此具備形體可見的天地、萬物都在現象界中生存發育運轉不息，而天地萬類的形質發長，都是藉由氣的推動，長育於大自然的現象界之中。

（三）理天——天體的主軸

「理天」是王氏思想理念的核心，也是其天體模式中的最高主體，他認為整個宇宙乃由無數個天界所組成，而理天則統理這些天界。因此理天涵括宇宙所有的天界，是天體宇宙的本體與主宰，〈三易探原〉云：

無極理天，包乎太極氣天之外，貫乎太極氣天之中。包乎太極氣天之外，為天外天、不動天、大羅天、三十三天。貫乎太極之中，為天中之天、天地之心。（頁 42）

太極氣天雖流行運轉生育天地萬物。然而無極理天則位於氣天之上，通徹氣天之中，是「天」的真正主體，故稱理天是天地之心。因此以道教之最高天界——大羅天，佛教之三十三天 [註 27] 說明理天是眾天界的主體、真宰及宇

〔註 26〕 《周易正義》，頁 157。

〔註 27〕 王覺一引用大羅天、天外天、三十三天等名詞，只是說明理天本體的崇高性，別無他意。例如大羅天是道教修煉功果的最高層次，故道教稱修道層級最高者為的大羅金仙。三十三天則是佛教的說法，然而三十三天仍然居於欲界之中。可見王覺一使用這些名詞時，並沒有嚴格劃分這些名詞的涵義，其只是借用現有名詞，用以詮解其理念思想。關於佛教宇宙論部份，方立夫：《佛教哲學》第六章〈佛教的宇宙結構〉（臺北：洪葉文化，1994 年）。

宙發生與生成的根源，主控氣天的發育流行，〈中庸解〉言：

> 理天雖則貫乎氣天之內，爲慾界、色界、無色界之主。雖不離乎氣，
> 而實不離乎氣，超乎慾界、色界、無色界之外，則委氣獨立，而爲
> 無極之界，此靜而不動，常而不變。（頁 34）

慾界爲男女、雌雄、動靜、剛柔、死生之類；色界爲星斗、日月有象可見之
屬，無色界爲無慾無色的氣天之屬。〔註 28〕理天則超越於此三界之外，但是
卻能通徹三界之中。所以理天統體整個宇宙的流轉運行，派生氣的運作產生
天地萬物、河漢星斗。因此氣的作用只能達乎氣天象天，使之生成運轉，但
是氣爲理天所派生，故其動力作絲毫不影響理天。理天爲體，氣天爲用，象
天則爲氣的動力所產生的現象呈現。因此理天主宰氣天的循環流行，始終生
滅，是眞正的天，爲宇宙運行的主軸與精神的實體，超乎物質之外，靜而不
變的天體，〈三易探原〉云：

> 不易無形之理，貫乎慾界、色界、無色界之中。上理河漢星斗五行
> 的之而順布；下理十殿諸司，九幽得之而秩序；中理山河大地，萬
> 姓億兆，飛潛動植。世間有情無情品類，得之而各的其所。此理又
> 超乎慾界、色界、無色界而外，爲無極理天最上之理……在慾界、
> 色界、無色界之中，則不離乎氣，亦不雜乎氣，有慾界、色界、無
> 色界之外，則委氣獨立。（頁 40）

理天雖無形無象卻能貫徹天地萬物，使氣天界、象天界的所有品類各的其所
而生存，各得其理而生長發育，使三界循其應有秩序運轉，不致脫離軌道而
造成混亂。理天是宇宙的主宰，宇宙間一切事物都必須遵循其條理運轉。其
不離乎氣，因爲氣若無理，不能運轉流行，則天地無以生，河漢星斗失其序
則必導致天崩地裂，萬物無法生存；其不雜乎氣，因爲其乃超越氣天界而獨

〔註28〕〈三易探原〉云：「陰陽有慾界、色界：交易、變易；有象、無象之分。慾界
之陰陽，則男女、雌雄、動靜、剛柔、死生之類。色界之陰陽，則星斗、日
月之類，此乃有象之陰陽，大半屬乎交易。無象之陰陽，如青氣之天，載日
月星辰、與大地山河，包括萬類，貫徹萬類，養育萬類，生殺萬類。升則爲
陽，降則爲陰，伸而爲神，屈則爲鬼，此乃無象之陰陽，屬乎變易。」（頁 57）
又〈一貫探原〉：「何謂慾界，地面上下，飛潛動植，雜居其間，滯於有形，
謂之慾界，因其甘食悅色，多生六慾故也。何謂色界，河漢星斗，有象可見，
故謂之色界。何謂無色界，四空天無慾無色，故謂之無色界。」（頁 91～92）。

立存在。所以理天乃主宰氣天界的終始生滅，運幬天地的關闢與消滅，〈一貫探原〉言：

> 太極以動生天地，無極以靜主太極。太極雖無極中之所有，無極貫
> 乎太極之中，亦包乎太極之外。無極之理，靜而爲經。太極之氣，
> 動而爲緯。經則常而不變，緯則變而有常。常而不變，不易之易也；
> 變而有常，變易之易也。（頁 95）

太極氣天以氣的發動流行生成萬物，是宇宙生成的開始。而無極理天本來就存在，因此能通貫整個宇宙鉅細之間，故理天乃靜而不變，是天的主體。理天與氣天的不同，就是由變與不變之中見其本然。理天不因時而變、因地而轉，是靜體，但絕不是沒有動力，其以靜而不變的能力統馭宇宙大地。氣天一氣流行，運行日月，寒暑代謝，因時因地而轉變，但是氣天並非無序而變，而是循「理」的規則而變，故云「變而有常」。理天、氣天一爲體，一爲用的分別即在於此。二者雖皆無形無象却充塞宇宙之中，但氣天無形有跡（四季寒暑更迭、日月星運轉），理天則神妙莫測，無跡可循，故王覺一形容理天是「常而不變之天，形跡杳泯。」（〈中庸解〉，頁 34）

理天主掌整個宇宙的運轉生成，爲最上層的「天」。此「天」統馭宇宙間無數有形無形的天界空間，乃是天體與宇宙的本體。不生不滅，却掌控宇宙的生滅；靜而不變，却主宰宇宙的運轉流行。因此理天是宇宙的眞宰主體，常而不變的天體主軸。

（四）理、氣、象循環的宇宙創世論

王覺一深信元、會、運、世的宇宙生滅之道，他認爲每一宇宙的終始，必循子會開天、丑會闢地、寅會生人；申會滅人、酉會關地、戌會收天的循環規則。〈大學解〉言：「天之元氣，生於子而極於巳，衰於午而極於亥。」（頁 28）說明氣的流動，並非始終如一地永遠存在，而是如波浪一般，有高峰、衰退以至於消失的週期。而亥會則爲氣將消失的時期，氣由衰退而趨於無，表示天地之間的運行不再循序漸進、流轉不息，而是天地萬物即將失去其生長的動力規則，亦即失去生機，天地即將回歸於混沌未開之時；此時天地間因爲流轉秩序發生變動，紊亂了原有的次序，萬物斷了生機，呈現一片混亂不堪的景象，這種現象稱爲「浩劫」。他在〈大學解〉對於浩劫來臨時的描述云：

> 浩劫之至也，雨露不降，而河海悉竭。月者水之精也，水既枯乾，

> 精從何有？地中之火，伏而不起者，河海鎮之也，河海既竭，地中
> 之火出矣。日輪熒惑之火不下者，月輪之水隔之也。水精既無，而
> 天上之火下矣。二火相接，百物俱焚，山化爲灰，地化爲塵，罡風
> 以催，紛塊爲空，而混沌至矣。（頁 29～30）

天上的火即日輪火，浩劫未至之時，賴水星月河漢之水以調和，如此則天上之
火有益而無害。地中之火即是煤炭硫磺之屬，本賴江河湖海之水消滅之。〔註29〕
一旦「元氣之既衰也，雨露漸少，江海日縮，水漸衰則火漸烈，火愈烈則水不
勝火，而生機息矣。」（〈大學解〉，頁 28）。一氣流行運轉尚循序活躍時，宇宙
間所有物體都能互相協調配合，循著一定的軌道規則而行。如果氣的運作衰退，
紊亂了原有的次序，則天地萬物無法調和必步上滅亡之道。氣的作用一旦消失，
天地也將隨之毀滅，百物俱焚，回歸於混沌、原始之初。

這場造劫將「災於有象之物，而不災於無形之理之神，開天收天之主者，
無生眞宰也」（〈大學解〉，頁 29）又說：「凡理天中事，有感悉通，脫去四大，
還於無極。任他滄桑改變，天地終始，與無極法身無關。超出三界，不囿五
行，獲大安樂，永不退轉。」（〈三易探原〉，頁 46）可知浩劫所毀滅的乃屬於
物質層面的天體萬物，氣天、象天的星宿生物，都是因爲氣的元氣消失，喪
失了運轉的動力，一切藉氣運轉的宇宙萬物，亦將隨氣的運行亂軌、消失而
滅亡。是故氣天、象天界的一切星宿萬物，都必須參與這十二萬九千六百年
爲一終始開天闢地的宇宙生滅週期。只有理天本體不生不滅，主持每一生滅
循環的開始與結束。因此不論氣天、象天如何發生變動，絲毫不影響天的存
在，祂主導宇宙的一切，指派下一個循環週期的創生，〈大學解〉言：

> 迨至子會，星宿之性，奉命開天，理至則生氣，氣行則生象，氣盛
> 象成，流行運御，前劫之灰摶成一塊，而生地矣。地形成山川草木
> 之性下降，理復生氣，氣復生象，則地闢於丑矣。天動於上，地靜
> 於下，兩間空虛，人物之性下降，理復生氣，氣復生象，人生於寅，
> 而世界立矣。迨至午會十一運，六世二十年癸未六月望前，山東人
> 又在荊門解大學，闡明自象還氣，自氣還理，末後之道，天人交接，
> 而辦收圓矣。（頁 30）

他闡述了世界生成與毀滅的過程，皆由理生氣、氣生象，構成有形天界與現

〔註29〕 〈大學解〉，頁 28。

象界的一切物質，而後氣、象俱歸還於理，回復宇宙未開之時，然後等待下一個元會的創世。由此可見，王覺一的宇宙論是屬於循環論而不是進化論。每一次的創世生成，都有一定的規則可循；天開於子而沒於戌，地闢於丑而沒於酉，人生於寅而沒於申的循環理論。因此每當收天毀地之前就會有一位類似他這樣的傳道者渡人救世，傳受理、氣、象開天收天之道，此為救劫精神的展現（詳見第五章），使眾生免受浩劫來臨時的苦難。因此在他的宇宙循環生滅的理論裡，其中所涵蓋宗教救劫的精神，更甚於宣揚其宇宙論的內涵。

小　結

　　近人牟復禮說：「真正中國的宇宙起源論是一種有機物性的起源論，就是說整個宇宙所有組成部分都屬於同一個有機的整體，而且它們全都以參與者的身分在一個自發自生的生命程序之中互相作用。」杜維明進一步指出：「這個有機物的程序是三個基本的問題：連續性、整體性和動力性。」〔註30〕王覺一的宇宙論即是基於這個有機的整體立論，他以理天為天體的主軸，氣天的宇宙生成的動力，象天則為現象界的呈現。每一個天體都參與了宇宙的發生與生成，並且遲續性、整體性地呈現整個宇宙的總觀，認為宇宙是由理、氣、象所形成，並且在這個循環中不斷地生成與毀滅，反復不止。然而其宇宙循環論的最大意義在於教導人如何在這個循環中尋回自己的歸途，而不是在進化論中迷失自我，茫然不知所從。

二、理天──宇宙的根源本體

　　王覺一在〈三易探原〉談及天地萬物形成逐一狀況，溯其源頭，探其本然時說：

> 萬物雖多，不出動植；動植雖多，不外五行；五行雖多，不離陰陽；
> 陰陽本於太極，太極本於無極（頁 71）。

此一宇宙發生論的次序，係循無極→太極→陰陽→五行→萬物的形成模式。以無極為宇宙本體，太極是派生萬物生成的動力，太極之氣運轉流行，構成世界大地。也就是萬物的物質方面是由氣所構成，但是一切生成物並不是只有氣就能成立存在，必需倚賴「理」（無極、理天）的引導，氣才能運行生成

〔註30〕這兩段引文引自周變藩等著：《中國宗教綜覽》（江蘇：江蘇文藝出版社，1992年），頁 18。

萬物，亦即陰陽二氣的運動變化與萬物的生長，其根源不在氣本身，而在於
氣之上的「理」，氣從屬於理，以理爲其存在的根據。〔註31〕因此萬物作爲物
而存在，並保持著物與物彼此之間的關係，也是依從於「理」，事物才能成立、
存在。〔註32〕這就是王氏對於「太極本於無極」的詮釋，視無極之理爲宇宙
範疇的最高依據，以理爲宇宙的本體根源，他在〈三易探原〉說：

> 無極之理，形象俱無，聲臭胥泯，爲天地之本始，性命之大源。(頁
> 68)

無極理天主持天地的造化。雖然天地萬物必須依靠氣的運轉才能生成，但是
氣必須在理天的統馭運幬中才能運作變化。無理，則氣也無生息，因此理天
才是天地的本體，萬物的根源。更重要的理天所賜於天地萬物是「性命之大
源」，也就是萬物生存的內具特質，亦即物物獨有的性質。理通貫於萬物之中，
事事物物之所以各具特性，是因爲理的作用，理使萬物各備有內具的本質，
若動植萬物空有形體，而無內具的獨特性，則所有生物的內質都是一樣，動
植萬物都成爲屬性相同的生物，如此必無生息，又如何成一世界？又何以稱
之「動植萬物」？因此理代表事物的本體基礎和終極構成，物之所以爲物，
以及物的存在與其獨具的本質，都是依於理而展現。是以天之所以爲天，地
之所以爲地，人之所以爲人，各有不同的本質，都是因爲理的內具存在。即
如朱熹所言：「宇宙之間，一理而已。天得之而爲天，地得之而爲地，而凡生
于天地之間者，又各得之以爲性。」，〔註33〕可知理涵蓋天、地、人、物，內
具於所有人、事、物之中，是超時空的實體而不是抽象的概念。

　　理天即爲超越時空的實體，涵括有無、聲色、陰陽，是宇宙萬物的主體，
〈一貫探原〉即云：

> 無極界者，無聲無臭，而爲聲聲臭臭之主；無形無象，而爲形形象
> 象之原。高出慾界、色界、無色界之上，爲無極天、大羅天，生天
> 生地之天，天地萬物統體之天也 (頁 92)。

理天涵蓋天地萬物包括有形無形的世界，是一切形象的本源，宇宙最高的主
體。主持天地世界的造化開創，主宰品類眾生的化育，包含蒼茫無垠的時空，

〔註31〕　朱熹：《河南程氏遺書》，頁 145。
〔註32〕　林萬傳：《先天道研究》，頁 426。
〔註33〕　朱熹：《朱文公全集・讀大紀》卷 70 (臺北：臺灣光復書局)。

雖無形象聲臭，卻是一切形象聲臭的本原。故王覺一於〈理性釋疑〉形容理天的特色說：

> 生天者，理也，至靜不動天也。天生者，象也，經星緯星也。（頁132）

天在常人的理解中是至高無上的象徵，但是他認為有形象的天並非實體，將隨宇宙的生滅循環而終始。唯有理天才是「天」的本然，理天主持萬類、生化動植、開天闢地、長養萬物，統馭天體不失其序。是以其言：「若以理天為天，則天即道，道即天，不分彼此，何有出入？若以氣天為天，則天之大源出於道，而道之大源不出於天。」（〈三易探原〉，頁57）歷來視「道」為天地的本體或本原，是形而上的精神實體。所以他說以理天為天，則天即道，道即天，二者名異實同，是宇宙的本體，天地萬物的根源。但若以氣天為天，則天出於道，因為氣天是道（理天）所派生而非自生。理天是獨一無二、完全自足、毫無欠缺、不生不滅、不增不減的永恆存在，至高無上的本體，故其言：「天者，非蒼蒼之天、青青之天、高而不可及之天。乃無聲無臭、不睹不聞、無處不有、無時不然，超乎蒼蒼青青，高而不可及之外，貫乎生生元元，有情無情之中，主持萬類之天也。」（〈一貫探原〉，頁17～18）說明理天的超越性與真實性以及統馭天地生滅的超然實在。

第三節　理天的特質

宇宙本體的奧妙、神異是古今學者一再追求的實體，雖然窮盡一生筆墨文字也無法將宇宙本體詳細描述，然而古今學者仍然努力地以他們的體驗描述本體的存在與特質，以有限的文字描寫無盡的時空，藉以讓世人更了解本體的無窮與雄偉。

在王覺一的思想中理天是宇宙的本體、性命的本原，因此神妙莫測，非語言文字所圍限形容及涵養其造設天體世界的神妙偉大。但是為了宣揚理天本體的教義思想，王覺一引用三教經典的語詞，藉以形容理天的奇妙。雖然宇宙本體的真實存在，絕非用文字描述而能暢盡其本然奧妙自生的原理。但是為了更具體的形容理天，使人對理天的認識更真實，他借用了三教現有語詞解釋理天本體的特色。

一、寂然不動、感而遂通

老子提出「歸根曰靜，靜曰復命」、「至虛極、守靜篤」〔註 34〕以「靜」爲根本。唐代茅山道士說：「靜者，天地之心；動者，天地之氣也。」，〔註 35〕以「靜」做爲天地的主體，「動」則是變動不居與迭易無窮的氣。說明靜才是天地的根本，動則爲暫時性的運轉而並非本原。王氏對於理天的描述承續道家對天體的形容，藉用三教之言形容理天寂靜篤的本然，他在〈三易探原〉說：

> 孔子曰：易無思也，無爲也，寂然不動，感而遂通天下之故。又曰：範圍天地之化而不過，曲成萬物而不遺，通乎晝夜之道而不知，故神無方而易無體。佛曰：光明寂照，無所不通，不動道場，遍週沙界。老曰：大道無形，生育天地。又曰：道可道，非常道；名可名，非常名。無名天地之始，有名萬物之母。此皆深知不易之易，善用不易之易者。（頁 40〜41）

民間宗教家引用各家經籍時，對於經典的原意採納時並不嚴格使用，而是取用所需的文句，以配合所要推導引證的教義之詮釋方法。而王覺一引用三教聖人之言，無非想說明理天是一個寂然不動的靜體，雖然無法目睹其存在實有，但是祂卻體現、深入有、無之中，大而無外、小而無內的實體。三教之言無非是稱頌天道或造物者生化宇宙天地的雄偉，無論顯隱、動靜、剛柔、聲色，天道的力量都能通達，無所在而無所不在。故王覺一取諸家之言用以描述理天，主要是彰顯理天雖是靜體，卻不是肅穆死寂，而是充塞生機感應萬方的主體眞宰。〔註 36〕

由於他認爲理天爲寂然不動的靜體，是以他雖接受朱熹理的思想，但卻無法認同朱子「天理流行」的立論，他在〈三易探原〉言：

> 寂然不靜，感而遂通。理本靜而能應，而曰流曰行，則與氣混而無別。降則末流，則有認氣作理，忽略精微，昧聖人無爲至靜之大本

〔註 34〕《道德經講義》第十六、四十章。
〔註 35〕〈玄綱論・超動靜章〉，收於《正統道藏》第二十冊，頁 17046 上欄。
〔註 36〕朱熹於《大學或問》卷二云「吾聞之也，天道流行，造化發育凡有聲色象貌而盈於天地之間者，皆物也」。出於趙順孫《四書纂疏・大學纂疏》（台北：文史出版社，1986 年），頁 142。又《朱子語類》卷 74「天理流行之初，人物所資以始」。朱熹所說的天道流行即是天理流行（北京：人民出版社，1984 年），頁 387〜390。

者。（頁 54）

理天雖主宰大地造設宇宙，卻無形無象且形跡冥泯。而氣天必須倚藉氣的動力運行日月、更迭寒暑、陰陽轉輪，是故無形有跡，因此才用「流行」之語詞加以形容。所以他批評氣本論者，氣係流行不息運轉無阻，無時不變，怎可以氣作為天體的本體？是以他認為主張氣本論者都是不懂宇宙本體「靜而能應」的本質。無為至靜是理天之本，是體；有感悉通則是理天的體現，是用。類似周敦頤所說「寂然不動者，誠也；感而遂通者，神也」〔註 37〕誠是體而神是用〔註 38〕兩者構成宇宙的全體。他以靜體描述理天的本質與《中庸》所言「維天之命，於穆不已」敘述天命恆常寂靜的表現，〔註 39〕是遙遙相契的。

二、無形無象、無始無終

王覺一以形跡冥泯、常而不變之天說明理天主持宇宙造設時令人不易觀察、不易知曉的育行特色。他接受朱熹「理無形體」〔註 40〕的觀念，並將此一觀念發揮在對理天的描述，其言「無極之理本無形」（〈三易探原〉，頁 71）直道理天本無形象的特質說：

> 道包天地，道貫萬類，無時不有，無處不然。無形無色，而為形形
> 色色之本，無聲無臭，而為聲聲臭臭之源。（〈理性釋疑〉，頁 125）

這裡所謂「道」意指理天。他再三解釋理天是宇宙萬類形色、聲臭的本源。但是理天卻不是形體、聲聞可形容的，是一個無時不有、無處不然的寬廣時空。因此他說：「豎窮三界，橫亙八荒，而為名名象象之源。」（〈一貫探原〉，頁 117）說明理天別無形體的本然。又於〈三易探原〉描述理天的本質說：

> 無微不入，無聲無臭，無形無象，無始無終，無在無不在，此不易
> 之易也。（頁 113）

理天無始無終、不生不滅，可見祂本來就是存在的，是最高的本體，不隨宇宙生滅而終始，是恆常不變、亙古長存的實體。不虛幻，故能貫徹一切；無

〔註 37〕周敦頤：《周子全書‧聖第四》卷 8（臺北：廣學社印書館，1975 年），頁 135。
〔註 38〕蔡仁厚：《宋明理學‧北宋篇》（臺北：臺灣學生書局，1991 年），頁 32～33。
〔註 39〕李杜：《中國古代天道思想論》（臺北：藍燈文化，1992 年），頁 94。
〔註 40〕朱熹：《朱子語類》（上海：上海古籍出版社，1992 年），頁 1。

始無終，故能統攝宇宙循環；不生不滅，故能涵融有無，主宰每一個創世紀的開始。

　　由王覺一對理天的描述可知受傳統影響頗深，「天」在歷代撰述中本屬於最高的本體或至高無上的人格神，〔註41〕因此不受任何形象聲臭所侷限，不為任何終始循環所牽制，永遠是神妙莫測、高深奧妙的存在實體。他以「寂然不動、感而遂通」、「無形無象、無始無終」描述理天的特質，足以說明此一宇宙主體，不被任何可述可言的物質性所圍限，是純粹的本體，萬物的根源。

第四節　理天之心性論

　　王覺一認為理天乃「性命之大源」，因此就人性論上，他與理學家相似，都從宇宙本體談論人性根源，將「人」的本體提升與宇宙本體相同的地位，建立形而上、本體的人性論。因此就他的認知中，人性具有與理天相同的特質，理天是理的全體，人性則是理的分殊，並且極力宣揚人性源於理天本體的教義理念，並須還歸理天，如此才是真正了解性命大源，實踐性命之學的達道之士。源於本體、回歸本體可說是其心性論的主要重心，也是與理學家心性論不同之處。〔註42〕是以探討其心性論時，需掌握由理天本體認識人性之源，如此才能了解其心性論的內蘊，進入其宗教思想的核心。

一、本然之性源於理天性善論

　　〈大學解〉首揭性出於天的理念曰：「理天者，乃理性、道心之所自出。」（頁1）「道心」一詞出《尚書·大禹謨》，原意是說明道義之心微而難明，眾人之心危而難安，只有精一不雜染，才能保持中庸不偏的精神。〔註43〕爾後由程頤正視「道心、人心」的區別，認為道心是天理，人心是私欲，〔註44〕

〔註41〕張立文：《中國哲學範疇發展史（天道篇）》，頁65。
〔註42〕理學家的心性論雖建立在形而上的本體論中，但是，並沒有回歸本體的觀念，他們只是要人們效法「天」的胸懷，以「天」為模範。宗教家則不同，他們體認宇宙本體的存在，人的性命之原既源於本體，因此就必須倚藉修行、修道的方法，回歸本體，回到其修道的終極目標，如此才是人生真正的圓滿。
〔註43〕蒙培元：《理學範疇系統研》（北京：人民出版社，1989年），頁285。
〔註44〕程頤說：「人心私欲，故危殆；道心天理，故精微。滅私欲，則天理明矣。」認為道心是天理，也就是「性」，理是純然至善，故性也是天賦本善。出於《河南程氏遺書》第24，頁342。

發展「性即理」的心性理論，其云：「性即理，所謂理性是也。天下之理，原其所自，未有不善。」〔註45〕認爲性是理、是善。理既爲宇宙本體、道德本原，故未嘗有惡，程頤性善論乃從宇宙本體出發，經過先天稟受，轉化爲道德本體而成爲至善。〔註46〕

基本上王覺一接受程朱的心性理論，並採納其心性論中「理性」一詞，強調說明源自理天的本然之性，故其言：「無極理天，五常具備；無極理性，五德兼該。」（〈大學解〉，頁 5）說明人的性靈淵源於理天具有道德的本質。據此闡明「無極」（理天）〔註47〕不但是宇宙萬物之源，也是「善」的終極根據，不僅派生全部客觀世界，而且爲人提供價值根源。而人的理性和意志所要追求的就是這個普遍的、最高的善。〔註48〕因此他認爲孟子主張性善，是洞悉人性本源與宇宙本體合一的卓見之論。所以他對根源本體的本然之性有兩點基本的主張，一、性源於理天，理天是宇宙本體，故性源於天；二、性即是理，理爲道德本體，故性是善性。因此他對人性本然的看法是源於本體的道德論。

王覺一以《大學》的「明德」、「至善」表示本然之性光明純淨，並藉由這些名詞的特性形容理天之性，成爲本然之性的代稱。他在〈大學解〉言：

> 明德者，人之所得乎天，即天命之所謂性也。（頁3）

> 至善，即至理也。至理即不睹不聞之神，無聲無臭之天，無思無爲之性……理天者，萬物統體之至善；理性者，物物各具之至善。（頁4～5）

他對「明德」的詮釋源自朱熹〈大學章句〉所言：「明德者，人之所得乎天，而虛靈不昧，以具眾理而應萬事者。」〔註49〕朱子所說的明德意謂人得之於天的德性，也就是人類天賦而有的光明澄澈之心靈，〔註50〕此爲天賦稟畀的本體與內具道德超越的本質。而他將此道德本質直契〈中庸〉「天命之謂性」的意涵，將人的本源遙契於天，將道德理念落實於宇宙根源，就本體而談道

〔註45〕朱熹：《河南程氏遺書》第二十二上，頁318。
〔註46〕蒙培元：《理學範疇系統》，頁225。
〔註47〕陳廷湘：〈理學道德本體的合理性及其局限〉，《中國文化月刊》165期，頁51。
〔註48〕呂大吉：《宗教宗通論》（北京：中國社會科學出版），頁604。
〔註49〕朱熹：《四書章句集註‧大學章句》（臺北：鵝湖出版社，1984年），頁3。
〔註50〕岑溢成：《大學義理疏解》（臺北：鵝湖出版社，1986年），頁33。

德，二者結合為一不相違背。

〈中庸〉「天命之謂性」之性乃就天地之心、理、道而言，直下從天地的創造真幾談論人性，天地性命通而為一，是內在道德之性，由天道而談論的道德性。〔註51〕性是天道落在各存在物之所以存在而說，是超越而絕對普遍的，代表一個超越而絕對的真實體。〔註52〕簡而言之，上天所賦予的便叫作性。〔註53〕王覺一將〈大學〉的「明德」與〈中庸〉「天命之謂性」視為一事，重點在於二者的根本都是「天」，就「天」的觀點而談論人類澄澈光明的本性，二者既同源於「天」，所以他認為二者合而言之，並無礙於本意，反而更能貫徹詮釋本然道心的要旨。是故他認為明德就是天命之性，乃就理天本體立論，結合道德客觀原則談論本來之性。

他以為至善就是至理，達到理的極致。如朱熹所言「事物當然之極也」，〔註54〕在他觀念中事物的極致就是理天，因此以至善說明理天的本質。理天的神妙是無法以文字圈限的，神妙廣大貫徹精微，故他詮釋至善是「無聲無臭之天，無思無為之性」。此一敘述與解釋「明德」相同，皆就宇宙本體談論人性，將人性的道德判斷回歸於理天。故其言「五常之性，明德也、至善也；明明德者，止於至善也；止於至善者，明明德也」（〈大學解〉，頁 6）說明本然之性即是明德，就是至善。他以至善論性與王陽明所言「至善者，性也；性無一毫之惡，故曰至善」〔註55〕意義相符，若合一契。

王覺一一再強調「本然之性，賦於有生之初，來自理天」（〈三易探原〉，頁 44），無非想說明人性的本源來自理天，因此人的本性清明無瑕不雜陳絲毫惡的因素，是純粹的至善，他在〈三易探原〉言：

> 道心出自理天，不入陰陽，不落五行，故純而不雜，靜而能明，神以致妙。（頁 46）

陰陽五行雖變而有常，但是已落入氣天界屬於物質層面，不屬超越而純然至善。唯有源於理天的本然之性，不受陰陽五行的物質沾染才是至理至善，清新光明。因此可以說，王覺一論本然之性乃從理天本體確立人的本體，再由

〔註51〕盧雪崑：《儒家的心性學與道德形上學》（臺北：文津出版社，1991 年），頁 45。
〔註52〕楊祖漢：《中庸義理疏解》（臺北：鵝湖出版社，1986 年），頁 101。
〔註53〕拉徒萊（著）、王秀谷（譯）：《神學——得救的學問》，頁 96。
〔註54〕宋光宇：《天道鉤沉》（臺北：元祐出版社）。
〔註55〕王陽明：《傳習錄》（上）第八十六條（臺南：靝巨書局，1986 年），頁 225。

人的存在回歸宇宙本體，建立形而上的道德本體的心性論。

二、性、命、心、神相通爲一

王覺一對於性命等語詞的解釋言：「命、性，有天賦之命、本然之性、氣數之命、氣質之性之別。心，有道心、人心、血肉之心之異。神，有元神、識神、魂魄之不同。」（〈大學解〉，頁 6）可知他論性有性、命、心神等範疇。若就源於理天的本性而言，則專論天賦之命、本然之性、元神、道心，因爲此四者皆「出於理」。

性、命、心、神既然都出於理淵源於理天，故此四者的本質特色都具有五常之性的至善之理。他在〈理性釋疑〉對性、命的解釋說：

> 以天命爲性，以率性爲道。命者，以賦畀而言；性者，以稟受而言。
> 賦畀理也，稟受亦理也。（頁 121）

命乃就上天賦予而論，故曰天賦之命，重點在於「天」所賦予的「命」；性即就源於天且承受天的超越本質而言，故曰本然之性，重點在於個體內具的本質與天一契。二者的根據都源於「理」並無差異，故他在〈一貫探原〉云：

> 所謂性命者，以無極之眞理謂天，以分於無極者謂之命。以無極之眞，妙合二五，主持形骸謂之性。天者，萬物統體之極，而命與性者，物物各具之極也。性命本是一事，而異其名者，在人在天，賦畀稟受之分也。（頁 108）

所謂「分於無極者」乃就理一分殊的義理加以發明，無極是本體，「命」由天賦而來源自理天。「性」爲個體的本質與天合一，故稱「無極之眞」。若二五相合缺少「無極之眞」則必不能成爲一生物，只是死寂的物質結構而沒有生命力，故言「性」是主持形骸的主宰，無「性」則生物無以生存。

性、命二者可由天所賦予與源之於天的觀念詮釋，然而所指實爲一事並無分別。因爲王覺一的心性論是建立在本體論的理念中，以理天探視心性的道德內涵，再由心性回顧本體，二者並無相違之處。是以他說：「賦畀謂命，稟受謂性，賦畀稟受，一理而已，原非有二也。」（〈一貫探原〉，頁 83）說明性、命名雖爲異，而所指實爲一事並無差異，只是以不同的詮釋角度深入同一義理，因而產生了不同的名詞。

至於論「心」也是由形而上的道德本體立論，他在〈理性釋疑〉說：

心者，萬化之主宰也。儒曰存心、道曰修心、釋曰明心，皆不離乎
心以爲道……聖聖心傳，即傳其固有之心也。其固有之心，及本然
之性，即天之所命。天者，人人統體之性；性者，人人各具之天也。
故孟子曰：『盡其心者，知其性也，知其性則知天也。存其心，養其
性，所以事天也。』天人本自一貫。天統四時，心統四端，天之所
具者，人性悉具。（頁130）

這段敘述與程頤所言極爲相似，程子說：「孟子曰：『盡其心，知其性』心即
性也。在天爲命，在人爲性，論其所主爲心，其實只是一箇道。」又說：「在
天爲命，在義爲理，在人爲性，其實一心」〔註56〕將宇宙本體與道德本體統
一，亦即將心、性、理統一。〔註57〕命、理、心、性名異實一，互相圓通、
包攝，心即性即理即命，〔註58〕而其終極歸依只是道——恆常不變的至善天
理。而王覺一則將此心性合一的主題，以三教形容回復本心的涵養功夫談論，
以此說明「心」是三教共同追溯與修煉的本心、天賦之命。此乃聖聖心傳的
固有本心，源自理天的明德至善，〈三易探原〉言：

人之道心，出於氣表，貫乎氣中，號曰元神。此神無時不與理天相
遇。（頁46）

元神乃道教對人身主宰的專用語詞，意指人的性靈，元神在道教的說法中是不
滅的主體。清・傅金詮於《證道一貫眞機》說「邱長春曰：『道函天地，神統百
形。生滅者形也，無生滅者神也、性也。』有形皆壞，天地亦屬幻虛，元會盡
而示終。只有一點陽光，超乎劫數之外，在人身中爲性海元神也。」〔註59〕，
由此可知道教承認有形的天地萬物，將隨元會循環週期而生滅，不是永遠的存
在。只有主宰人之生命活力的性靈，雖是無形卻與宇宙主體共存，不隨天地生
滅而始終，只有認眞修煉這一點性理靈光，才能躲避天地元會的劫數。此一性
理靈光，王覺一認爲儒家稱本然之性、明德至善；道家稱元神、谷神不死；佛
家稱金剛、舍利子。名稱雖異但是所指盡是形容來自本體，不隨物質形滅的本
來光芒。

〔註56〕朱熹：《河南程氏遺書》第18，頁225。
〔註57〕蒙培元：《中國心性論》（臺北：臺灣學生書局，1990年），頁344。
〔註58〕張立文：〈中國心性哲學及其演變（下）〉，《中國文化月刊》165期，頁33。
〔註59〕傅金銓著、蕭天石：《證道一貫眞機（上）》（臺北：自由出版社，1984年），
　　　　頁21。

　　道心、元神俱出於理天，貫於個體之中，他所說「此神無時不與理天相通」並非道心之外另有一神，而是道心、元神的奧妙，雖落入個體之中，而其光明的自性卻隨時能將其內具的道德本質彰顯出來，因此道心、元神互通為一。性、命、心、神雖名號不同，但是所涵具的實質內容卻是相同的，之所以使用不同的名詞，只是為了詮釋方便。因為王覺一旁引三教經典，用以證明源自理天的本然之性，而諸家所言之名稱不盡相同，為了充份證實他所闡述的義理是達於宇宙本源的至善天理，因此取用了三教的語詞，他認為三教對於回溯本心的用詞雖有不同，但最終的目的是一致的。因此無論使用何種名號，只要能了解人性的道德本體，認識根源於理天的人性之本，才是王氏心性論的主要宗旨。

三、本然之性無生無滅

　　理天的本有存在，無始無終，不生不滅的本體。本然之性源於理天，具有理天超越性的內具本質，因此與理天同時存在。〈大學解〉言：「未有此身，先有此性，此身既逝，而此性仍在。」（頁1）說明身體形骸等有形物質之物，都會隨時限而損壞。源自於理天的本性，則與理天共存，不因形骸損毀而滅亡。此與張載所說「知死之不亡者，可與言性矣」相似，〔註60〕身骸隨陰陽歲月的運轉而衰壞，但本性卻永遠存在，能夠洞悉其中的奧妙者，才可與之言性與天道。

　　本然之性本自存在，不須假藉外物供養而在存，自給自足，與本體共存，〈三易探原〉云：

> 本然之性，稟於有生之初，出於理天，即周子所謂無極之眞與二五之精，妙合而凝也。未生以前，不須口鼻之氣而自生，不假五穀之食而自長者。無極戴理，靜用之妙也。（頁45）

二五之精生有形之身屬於物質層面，無極之眞是本體是理，落實個體上而言就是「性」。就現象界的存在而論，必須陰陽交流生有形的物體，再與無形而存在的「性」結合，才可成為具體的存在物。若只有形骸而無天性，則指一具沒有生命力的死屍；只有本性而沒有形體作為落實點，則不足以稱為現象界實在的「人」。因此必須二五之精與無極之眞妙合而凝，才足以成為現象界

〔註60〕張載：《張載集・正蒙・太和》，頁7。

具有生命的個體。

　　但是現象界具有生命的個體，必須依靠口鼻的呼吸依藉五穀雜糧等食物供養，才能夠生存成長，二者缺少其一，則軀體必步上滅亡之道。本然之性則與理天共存，不須假藉氣天之氣與象天的生物供養而自給存在。理性是純粹至善的本體，雖出於理天而實與理天合為一體，是本有的存有，因此不須倚賴理天派生之物而生存，故他說：「道心者，無極之真也。真心不隨死無，不因生有。」（〈大學解〉，頁 15）說明本然之性不生不滅，與本體同時存在的特性。

四、人皆堯舜的肯定

　　孟子的性善主張認為「人皆可以為堯舜」，肯定人人內在賦有善的本質。但是其所謂「人皆可以為堯舜」主要說明人人皆有向善的傾向，孟子在生活體驗中發現了人人內具的道德特質，〔註61〕據此建立人性理論。

　　王覺一承繼孟子性善論。並且極力宣揚性命源於理天，與理天同體的理念。理性具有道德的超越性，因此他認為不僅是人人可以為堯舜，更具體地說應是「人皆堯舜」，〈一貫探原〉云：

> 本然之性，來自理天，以靜為體，故堯舜不異眾人。（頁 93）

又於〈理性釋疑〉中言：

> 本然之性，天賦之命，堯舜與人同焉。本然之性即維皇降衷之性、
> 人生而靜之性、性善之性，道心之謂也。（頁 127）

孟子雖然也說「聖人與我同類」，表示人人具善的本質，但並未由本源說起，因此「人皆可以為堯舜」，只能說人人具有向善的傾向與本能，而不能說每一個人一定具有善的質能。故徐復觀先生認為，孟子是由生活中體驗人性內在善的本質，〔註62〕良不誣也。而王覺一則由人性本源談論性善的問題，本然之性人人皆來自理天，因此堯舜之性與眾生之性相同並無差別。由宇宙本體談論人性，故人人相同沒有特殊或例外的個案。由此確信人人皆為堯舜，人人咸具善性，堅定天人一體的人性論。綜而言之，王氏建立在理天的心性論，實含有內具義、普遍義、超越義，〔註63〕具有道德本質的本體心性論，是超

〔註61〕徐復觀：《中國人性論史》（臺北：臺灣商務印書館，1988 年），頁 174。

〔註62〕朱熹：《朱子語類》，頁 1341。

〔註63〕這三個語詞參閱蔡仁厚：《孔孟荀哲學》談論孟子心性論的用語。（臺北：臺

越而絕對的存在。

五、惡的來源——氣天與象天之性

　　在中國人性論上，性的善惡問題一直爭論不休，然而一般認為人性天生本善，因為後天的環境教育與習性沾染，漸漸呈現惡的性情。至張載提出「氣質之性」〔註 64〕分析人性惡的因素，並以「氣稟」解釋人物所稟受氣的清濁昏明之不同，因而產生不同的氣質之性；天地之性（本然之性）本來光明無瑕，卻因為受體人身（二五之精）所承受氣的清濁程度不一，致使本然之性受到污染而產生惡的因素。而張載以「氣質之性」分析惡的來源，此一觀念日後則廣為理學家所接受、運用。

　　王覺一亦運用了「氣質之性」此一名詞解釋惡的因源。他認為氣乃由氣天所產生，氣天主控陰陽五行的流行運轉，氣質之性產生於人所稟受氣的清濁程度差別而區分，氣源於氣天，故氣質之性亦由氣天而降，〈一貫探原〉云：

> 宗動天也，此天之氣，雖彌綸兩間，而陰陽迭勝，五行錯雜，動而難靜，駁而難純。人自降生之時，囪地一生，此氣由口鼻而入，此後天之性也。故命曰氣數之命，性曰氣質之性，心曰人心，神曰識神〔註65〕作七情之領袖，而後起之慾有其根矣。（頁 83）

人自降生而後，氣天流行之氣開始進入人身之內，由於氣的清濁不一，導致人的性情不同，善惡亦由此而開始區別。也就是說惡的因素是在人出生那一刻吸收氣天之氣而開始。二五之精結合而成為物質界的個體後，本然之性受到氣稟的薰染，才開始感染惡的成分。因此性稱氣質之性、命稱氣數之命、神曰識神，皆因沾染後天之氣的質素而遮蔽本來光明之性，〈大學解〉解釋性惡浸淫人心的因素說：

> 迨此身之既生，囪地一聲，太極之氣從而入之，氣顯理微，微不勝顯，則拘於氣稟。知識漸開，甘食悅色，交物而引，則蔽於物慾矣……明德雖人人本有，然拘於氣稟，蔽於物慾，大都有而不知其有。（頁 3）

灣學生書局，1994 年），頁 204。

〔註64〕　張載〈正蒙‧誠明〉云：「形而後氣質之性；善反之則天地之性存焉。故氣質之性，君子弗性焉。」同註 19，頁 23。

〔註65〕　王覺一的心性論性、命、心、神通而為一，故名詞雖不同，其意義其實相同。其對氣質之性的代稱命名為氣數之命、人心、識神。

惡的來源乃從人降生的那一刻才開始，因稟受太極之氣而開始沾染甘食悅色、好逸惡勞的成分。由於氣天動而難靜、駁而不純、變動不居、更迭流行，因此清濁昏明混雜並非純然至善。而人未生之時的天賦本然之性，因為受到氣天之氣的雜染與現象界物慾的誘惑，忘記了先天本然的光明德性。是以王覺一的心性論絕非二分法，他說：「明德雖人人本有，然拘於氣稟，蔽於物慾，大都有而不知其有。」正說明了本然之性是每一個人的根源，因此人人本有，但因降生現象界而受到外物蒙蔽，忘卻了至善光明澄澈的本性。因此本然之性是內具超越的天賦資界，人人本有而相同。氣質之性則為個體獨立特質的表現，由於人人所稟受的氣不同，故嗜慾有異，是以人人不一。因此他以人心、道心之辨，呼籲人人應回復本然之性，發揮光明的至善之性，〈三易探原〉云：

> 氣質之性，發為人心；本然之性，發為道心。人心居臟腑之裏，道心現乾元之表。在裏則昏濁蒙昧，為七情六慾之領袖。在表則虛明光耀，作三華五氣之總持。（頁53）

又說：

> 人心何以危？因源於氣天，動而難靜、甘食悅色、交物而引、縱情沒志，遮蔽本來。（同上，頁45）

他將象徵人欲的人心，因受到氣天駁雜交流之氣的影響而產生了七情六慾，遮蔽本來的至善道心。然而他絕非將心性二分，而是將人人本有內具道德之心稱道心，表現於個體的特性稱人心，因而道心、人心不是意謂人有兩個主體，而是道心、人心本為一心。能夠體現先天心，表現本然之性者稱道心；若是沈迷現象物慾，表現私欲者稱人心。因此他對人性雖有多種稱呼，但絕不是多分法，而是藉用種種名號，用以宣揚回歸本體的思想，籲人脫離昏濁情慾的干擾，及時回復本然之性、光明道心。

　　雖然他認為惡的根源在於氣天的氣質之性，但是氣的清濁昏明有別，因此氣質之性並非絕對的惡，也有善的成分。而人後天的智愚賢否則全在出生時所稟受氣的本質為何，此乃承受程朱以出生之時所承受氣的清濁，以及大自然明暗之氣不同，而產生善惡區別之觀念的影響。〔註66〕並將氣質之性回

〔註66〕程頤云：「氣清則才善，氣濁則才惡。稟得至清之氣生者為聖人，稟得至濁之氣生者為愚人。」（《河南程氏遺書》第二十二上，頁318）其認為後天的氣度、

溯氣天界，亦即氣質之性有種種不同都是因爲氣天星宿與氣流行運轉的不同，因而產生後天氣質之性的差異，〈三易探原〉解釋其中區別時說：

> 自一氣分爲兩儀，陰陽剖判，兩儀分爲四時，由四時分爲八節，由八節分爲二十四氣，七十二候，三百六十五度四分度之一，候候之氣味不同，度度之宿性各異，人物皆稟此而生，生時不同，度宿迴異。故類有貴賤大小，人有壽殀窮通，智愚賢否，亦氣之使然……氣質之性，稟於有生而後，來自氣天。氣有沈浮升降，星有吉凶善惡，而人生之智愚賢否、壽殀窮通，亦萬有不齊。（頁 44）

氣天包含整個宇宙生成界，涵括星宿蒼穹，浩瀚無邊。人生而後的氣質之性，因氣天界的交流運轉及星宿隨氣流行更迭變易，變遷不居，因而每一節季的氣候不同。而星宿萬千，個個特性不同，是以降生之時所偶遇的節氣、星宿轉輪之位亦不相同，因此後天的氣質之性也隨其稟受而有別，是絕不能說氣質之性是絕對的惡，因爲氣也有清新之氣，星宿也有吉善之星，若稟其時而生則氣質之性表現於外在的即是性善的一面，因此〈理性釋疑〉言：「氣質之性，乃杞柳之性、湍水之性、性惡之性，可以爲善，可以爲不善。」（頁 127～128）說明氣天之性有善與惡的分別，並非全然皆惡。

至於全然是惡的因素，王覺一認爲那是源於現象界的物慾干擾，因而呈現人性惡的層面。所以他認爲性惡乃源於象天，此一人性表現稱爲質性或血肉之心。氣天涵括象天，氣天是惡的根源，象天則爲惡的表現。王氏對象天的血肉之心詮釋並不多，在此可由幾處描述而視其大要。〈理性釋疑〉言：

> 此心隨生而有，隨死而無，一氣不來，即成臭穢……血肉一團之心，物象之心也。（頁 131）

血肉之心即是人身臟腑之心。客觀而言，臟腑之心僅是人的器官之一故隨生死而有無；但若以活動而言，則此心在人具有思維活動的意義。一般人將此具有思維活動的血肉之心，放任於追逐外物、沈溺情慾，是以不能洞悉天地

表現、行爲因受到氣的清濁影響，而有善惡的差別。到了朱熹則認爲不僅與氣的清濁有關，更與四季的節氣，天地的運轉有關。朱子言：「人之性皆善，然而有生下來善底，有生下來便惡底，此是氣稟不同。且如天地之運，萬端而無窮，其可見者，日月清明氣候和正之時，人生而稟此氣，則爲清明渾厚之氣，須做箇好人。若是日月昏暗，寒暑反常，皆是天地之戾氣，人若稟此氣，則爲不好底人。」（《朱子性理語類》第 4 卷，頁 56）。

之的大本，回溯性命之本源，如孟子所說「耳目之官不思而蔽於物」迷昧於物慾誘惑，喪失本心的至善，故王氏說：「若以血心爲心，則縱情逐物，萬事擾之，百憂感之。」（〈理性釋疑〉，頁 132）說明了象天的血肉之心，極易受外界干擾迷惑情物，性情沒有一時傾刻的安定，隨波逐流。此時氣天惡的因素隨著個體追逐物慾、甘食悅色、縱情放蕩等惡習而完全展現，成爲所謂的「性惡」。因此「性惡」乃因受到象天的情慾牽絆而迷昧本來天性，是以他所謂的性惡乃就現象界的表現而論，絕不是人性中帶有惡的成分，因此他批評荀子的性惡論是「知有象而不知有氣也……知象者，離道太遠」（〈大學解〉，頁 5）批評荀子只知由現象界的物欲之心談論人性，而不知惡的本源在於氣天之性，更遑論能由本體討論人性了。

王覺一承認人性所展現的行爲有惡的成分，但絕非人性有惡的因素。人之所以沾染惡的質素，全在於降生而後的氣質之性與迷惑於現象界的聲色誘引，人先天的本質是光明至善的。因此他的人性論乃由純然至善的本體建立道德本質的心性理論，是故人人皆堯舜。性惡只是外在的行爲表現而非人性內具的本質，他雖將心性以本然之性、氣質之性、質性等三種說法討論，但絕非將本心一分爲三，而是由宇宙本體確立人性的本體，故性善的人性理論才是王氏思想的本意。

六、回溯理天之性爲三教共同追求的正鵠

王覺一認爲人性之本源於天，故人性至善光明無有不善。因後天氣稟之異而有善惡之分，以及降生後受物慾的牽累呈現惡的質性。是以他認爲如何回復先天至善的本心，才是三教聖人不辭辛苦，勞心勞力，傳道濟世的共同志趣。

自宋以來儒釋道三教歸一的思想成爲三教教義的必然思潮，主張人本於天及追溯人性根源的說法，三教亦如出一轍。[註 67] 王覺一在前人對心性認知的基礎上，更進一步提出三教談論心性的共同旨趣乃欲人人回歸本來根源，回復明德至善的天性、光明不昧的本心。〈一貫探原〉言：

> 本然之性，來自理天，人人本有。然迷，則有而不知其有；覺，則有而各知其有矣。歷代諸聖，教人之法，不過使之覺其固有之性，

[註67] 陳俊民：〈宋明「三教合一」思潮中的「心性」旨趣論稿〉，《鵝湖月刊》第 15 卷第 4 期。

明善復初，返本還原而已。（頁 86）

在此斬釘截鐵地說明本然之性源於理天，故人人皆有光明的明德天性，因後
天的迷昧與慾望的掣肘，受到氣稟的牽制及外物的引誘，因而忘記光明自性。
是以歷代聖賢仙佛所要傳授世人的教法，並非向外界求法，而是幫助世人認
識自我的明善之性，回復理天純粹的天命道心。類似禪宗教人識心見性，意
指每個人內在的生命主體，本是清淨、空寂、超越的，〔註68〕人人本有又何
須倚藉外物向外求法？所以他認為三教聖人雖地分華夷，語詞有異，但是其
核心圭臬並沒有分別，若合一契。〈理性釋疑〉言：

> 孔子之教，存心養性，以一貫為宗旨。佛氏之教，明心見性，以歸
> 一為宗旨。老氏之教，修心煉性，以首一為宗旨。三教聖人雖天各
> 一方，地分華夷，而其教之不異，若合符節。三教聖人之相同者，
> 心也、性也、一也，道之體也。（頁 125～126）

儒、釋、道談論心性時，本之於天已無庸置疑，然而其涵養修煉的工夫卻各
有本義，不能混為一談。王覺一為了強調返顧本然天性是三教傳道的宗旨，
而由道體（理天本體）談論，說明心性源於一，由此證明一貫、歸一、守一
的真諦在於教人回歸宇宙本體，是以他說：「三教歸一，萬法歸一，一即理也。」
（〈一貫探原〉，頁 104）藉以說明聖人傳道名稱雖有不同，而其共同的目的乃
是教人明其明德、止於至善，如是而已。因此他在〈一貫探原〉言：

> 古聖傳心之法，或名之謂精，名之謂一，名之謂中，名之謂誠、謂
> 敬，不過欲人返乎此時之性也，豈有他哉。

精、一、中、誠、敬乃理學家談論本然之性時常用的語詞，然而王覺一認為
諸聖所用的字語雖不同，但是最終目標是一致的——教人回復明德天性。他
之所以肯定回溯本然之性是三教立教傳道的本旨，在於他就宇宙本體的立論
而言，因此努力尋回「我」的本來面貌是三教教義的根本，也是人類汲汲探
求的本根，更是宗教家傳道度人，脫離元會周期劫數的主要目的。因此他認
為三教立教傳道的本意即在此，故主張回溯本然天性是三教共同的正鵠。

〔註68〕湯一介：〈論禪宗思想中的內在性與超越性〉，收於《儒釋道與內在超越問題》，
　　　　（江西：江西人民出版社，1991 年），頁 46。

本章小結

　　王覺一以「理天」爲本體,「氣天」爲宇宙生成的動力,「象天」爲現象界的存在,此三天界形成宇宙大地,萬象人生。

　　就本體而言,他的思想應屬於本有論,因爲他認爲理天不生不滅,本然存在,不隨宇宙時空變遷,是形而上超越的存在。而在宇宙生成論上則屬於有生於無的理論,因爲氣天由理天派生,象天再由氣天的運轉而呈現現象萬物,二者皆是由無至有故歸之於無。而他談論心性論的主因,在於本然之性與理天本體同時存在,不隨形骸生死而存滅,因此人人必須回復本初之性才能返本還原,回歸本來。

　　理天在王氏的宗教思想中是超越存在的主體,而人的價值意義就在於與宇宙主體共存同立的立場談論。因此就本體肯定「人」的存在意義,就根源肯定人性與天德同質,是以他從本質根源確定人性之善,惡的因素全在於物質層面的感染,而非來自本體的本來存在。因此修道的意義就在人性的本然至善及與理天同體同德的定位中更顯得重要,因爲有形的天地只是宇宙生化成長的一個過程,週期時序到臨,宇宙間一切有形物質盡毀之天地的造設循環之中。身爲萬物之秀的「人」更應該體會宇宙主宰生育天地的原始本意,而非隨物質沉淪於生成現象界裡,必須要有超越形體、達本還源的認知。因此超越有形回溯本體成爲王氏教義宣揚的主旨,也是他身爲宗教家勸人體認本源,教人如何與上帝同在的傳道正鵠。是以就本體肯定人的存在,就人性的本來談論修道的人生目標,可說是他宣傳理天思想的主要宗旨。

第五章　理天的宗教意義

　　身爲一個傳道的宗教人，王覺一所重視的並不是如哲學家、思想家全然的理性思維，其中多有情感的因素。〔註1〕因此所重視的是宗教中人「該往何處」的宗教終極關懷問題，而非人「該如何行」的道德問題。因而他的宗教關懷多置於幫助信仰者恢復本來自性，回歸未生之時的純善天性，使得本性與本體相通，天、人貫通，則「我」與本體合而爲一必能回復本來面目，這是他傳道揚教的主旨。

　　元會周期循環是其教義思想的中心理念，救人脫離此一宇宙生滅大劫是他傳道濟世的重要意義。因此救劫度人的傳道精神，幾乎成爲其宗教理念的重心，所以闡述救劫的觀念是敘述王氏宗教意義的的第一步。而宗教的修煉意義則是修道者必備的認知，如何才能修得「正果」，得到上帝的召籲，回返修道者該歸往之路則是世界各個宗教的宗旨。因此藉著對修道意義的敘述，可以對王氏的宗教思想做更深的認識。回歸宇宙本體與上帝同在是信仰者的最終願望，也就是凡有信仰之人對於人生該歸往何處的終極關懷。此一終極實體的追求是宗教人所希望到達的目的地，雖是人生的終點卻是性靈無限光

〔註1〕　王治心於《中國宗教思想史》中曾說：「在宗教思想中有屬於哲學的問題，在哲學中也有宗教思想的質素…不過，宗教思想祇能知其然，而哲學則欲求其所以然，所以宗教還是感情的產物，先於哲學而有的。因爲這種感情，是人類先天所固有的，就是從原始以來蘊藏在人類心靈中的崇拜精神，不是憑著理智思考可以分析得出的。」（台北：彙文堂出版社，1988 年），頁 2；又梁漱溟於《人心與人生》亦云：「宗教在人的理智方面恆有其反智傾向，即傾向神祕超越，總要在超知識、反知識之外建立其根據。」（頁 207）總而言之，泰半學者認爲，就宗教而言，情感成分大於理智思維，而且宗教的許多意涵，並不是理智與實證科學所能涵括與證明的。

明的起點，也是本來性靈與本體同存的永恆不朽，不隨宇宙循環而生滅，不隨輪迴而流浪生死。此一人生的終極思考絕非思想家的邏輯所能推衍、解決，必需倚靠宗教理念的體現、認知與關懷，此爲宗教解決人生無法理解的難題，也是人生必須思考與歸往的終極地。因此關於對理天宗教意義的闡述，本章擬由救劫、修道、終極實體等主體撰寫，藉此對民間教派的信仰理念做一詮釋與理解。

第一節　救劫度脫的精神

　　一般認爲宣揚災難與劫變的思想是明清民間宗教的共同特色，[註2]其中多闡述三期末劫的三世宇宙終始。[註3]《理數合解》雖沒有明顯的三期思想之轉承，然而其論述劫變的觀念卻與諸多民間宗教如出一轍。王覺一的劫變思想乃根據宇宙終始說的觀念，因此他雖有元會末世的思想，但是他宣揚末劫的宗旨在於救劫，也就是救人免難的傳道精神。因此他的劫變思想絕非恐嚇人心或妖言惑眾，而是基於其救人濟世的理念，這是認識其救劫思想應抱持的基本觀念。

一、救劫免難的悲憫胸懷

　　中國的宇宙論是屬於週期型的生滅循環，尤其自漢代整個宇宙週期的理論建立之後，再加上道教的劫運度人的觀念，認爲宇宙循環週期屆臨之前必有一場收天閉地的浩劫，因此才有「開劫度人」的救世思想。因而有關週期浩劫的觀念則一直存在於民間信仰之中，所以民間宗教者所抱持的末世救劫情懷就深藏在他們傳道理念中，是故開劫度人的宗教情懷是民間教派不變的宗旨。

　　王覺一認爲宇宙的生滅是遵循元、會、運、世的週期循環不已，不斷地由生而滅，由終至始不停地轉輪。而世界由生而滅的過程中，必有一場天崩

〔註2〕洪美華：〈明末清初祕密宗教思想信仰的流便與特質〉，《「明清之際中國文化的轉變與延續」研討會論文集》（臺北：文史哲出版社，1991年），頁203；喻松青：《清代全史》（遼寧：遼寧人民出版社，1991年），頁226～268；程歗：《晚清鄉土意識》（北京：中國人民大學出版社，1990年），頁210～214。
〔註3〕對於三期的名稱，稍有不同，或稱青陽、白陽、紅陽；或稱龍華初會、二會、三會；或稱先天、中天、後天；或稱無極、太極、皇極，名號之多，不勝枚舉。然而其所代表的意義則爲一致，代表過去、現在、未來三期（世）的時序觀念。同註2洪美華之論文，頁604～605。

地裂、節季寒暑變動，不遵時季變換的大劫來臨，他在〈一貫探原〉形容天地將滅的情景說：

> 天地之終也，氣運盡，即雨露不降。雨露竭，初海乾山崩，光散星隕，焚以劫火，摧以罡風，大氣不舉，則地化飛灰，而混沌至矣。浩劫之至，始於人物，再而山川，終而星斗。（頁93）

天地的生成模式乃先天次地後人，而其將滅則先人次地後天，最後回歸混沌未開之時。因此宇宙滅亡前的浩劫災難首降於人，待人物盡滅再毀天地，因此人物是首先面臨天地滅亡前的災劫者。而這場收天毀地的生滅循環，將使天地間的生物處於蕭條沒有生機，慘不忍睹的荒蕪狀況，〈大學解〉云：

> （天地）元氣之既衰也，雨露漸少，江海日縮，水漸衰則火漸烈，而生機息矣。吾觀之大海，萬里汪洋，即百年不雨，則盡之久矣。況衰極之世，百病叢生，即使有雨，而衰殘日極，生機日悴，亦不成世界矣。（頁29）

天地從有將歸於無的跡象，就在於天上的日輪火與地中火煤炭硫礦之火相繼燃燒擴大；而水星月輪河漢之水與江河湖海逐漸縮減，致使雨露不落，無水而火燄，天乾地燥，百物不生。人物之生，五行之質缺一不可，尤其水幾乎是人類賴以生存的必須物，因此他說萬里汪洋，百年不雨未必乾盡；而人世間只要十年不雨，則百病叢生紊亂蕪雜，人物居衰極之世，必然不勝其苦，困窶至極，苦痛一生。由此可知浩劫的毀滅，屬於集體的毀滅而不是單就個人的懲罰，因此有德、有天命的傳道者（或救世主）就會在這末劫時期傳道度人，解救眾生脫離苦痛的末世滄茫。

　　一切有形的寰宇世界將隨這場浩劫歸之於無，唯有理天本體寂然不動地存在繼續主持宇宙終始的生滅之道。是以若欲避免天地終結前的浩劫，唯有體認本體修煉自我，回復本然之性純然至善的本心，返歸理天，才能免於這場毀天滅地的災劫。〈一貫探原〉云：

> 欲界、色界難免劫火，圍於其中……惟無極理天，劫火不至。（頁94）

一切有歸於無時，除了主宰者及本體免於這場劫火災難，餘者盡付諸一劫，就算是推轉宇宙生成動力的氣天，也不免此一浩劫之災。因此理天才是人物

回歸最終的根源地，唯有回歸理天與本體並存才能免受劫難降臨時的毀滅。

由浩劫觀念可知王氏以理天爲思想核心，主要目的在於宣揚理天爲人性之根源。因此人人必須認識本體之所在，才能躲災避難免受大劫來臨的災難之苦。

人人回復本然至善的天性，返歸人性本源，躲避天地循環的毀滅之難，是王氏傳道救人的宗教熱誠，由此可知他一心想要度人免劫的悲憫胸懷，也是他宣揚劫運思想的主要意義。

二、三教聖人應劫傳道救世——對道統的詮釋

王覺一認爲「人之恆性，皆自無極理天而來。自理入氣，則拘於氣稟；自氣入象，則蔽於物欲；而來路迷矣，而自性昧矣。」（〈一貫探原〉，頁 86），由於人降生後拘於氣稟物欲，忘卻本來根源，穿梭往返氣天象天之中，不識自性本來，如此則必遭受收天滅地的浩劫。也就是說原初之人本是善性的，宇宙也是和諧的，隨著時間的推移，人性逐漸惡化有罪，罪的結果則導致天地的崩懷，形成人類集體毀滅性懲罰。〔註 4〕然而他認爲理天的主宰者、造物主不忍世人迷昧本性，不識本來。因此派遣三教聖人教人以回溯本性之法，讓人回歸至善之性，體認理天本體，以免遭劫火之災。是以浩劫末至之前，理天主宰者必派人降世傳道，宣揚回歸理天本性的至理之道，〈一貫探原〉云：

> 開天收天，維皇上帝之事也，上帝不言，借人而言。此堯、舜、禹、湯、文王、周公、孔子，三教聖人，繼天立極，代天宣化之所自來也。（頁 86）

又於〈大學解〉說：

> 人世不待衰極之世，天則先機而動，仙佛則應機而生，堯舜道統首開，三教則鼎足相繼。佛傳眞空、道傳妙有、儒則掃除聲色之化民，如毛之非是，必窮至無聲無臭而後已。夫如毛之非是，離象也；聲臭全無，離氣也。離氣離象，而至於無極之理矣。無極之理，即佛之眞空，道之妙有。復理則還於無極理天，反本復始，而超出劫外

〔註 4〕 李豐楙：〈傳承與對應：六朝道經中「末世」說的提出與衍變〉，《中國文哲研究集刊》第 9 期（1996 年 9 月）。

矣。（頁 29）。

他將主持開天闢地、開天收天的主宰者稱爲「無生眞宰」、「上帝」，藉以說明理天至高主宰者的眞實存在。他認爲主持天地終始的循環週期本是上帝之事，但「無生眞宰」不忍玉石具毀，原靈迷不知返，因此派遣三教聖人宣導回歸理天本源認識至善本性，闡述開天收天宇宙生滅的循環之道，救渡芸芸眾生免受大劫降臨時的苦難。因此在哲學家、思想家的眼中，道統的傳承代表道德文化與學術正統的規範，其中又以道德修養爲核心，屬於道德與文化的傳衍。但是他認爲道統傳承的主要意義在於三教聖人救眾免劫，教人認識本源返回理天本體。渡人脫災避難，才是三教聖人倒裝下凡降生寰宇，宣揚三教旨趣的眞正精神。

　　王氏此一聖人傳統救世的思想，乃源自道教的度脫觀念。西漢末期道教即有末世的說法，當時的修道已轉變只修煉自身的想法，形成所謂「開劫度人」的修持理念。亦即他們將修道的觀念，轉變成爲救度天下芸芸眾生，解救處於末世苦難的黎民百姓，類此末劫度人的解救觀念，雖與當時混亂的時代背景有關，然而卻可由此體現修道者救劫救人的悲憫胸懷，因而「開劫度人」的救劫理念成爲道教教義思想的特色，〔註 5〕王氏承傳道教此一末劫度人的思想，因此他認爲不必等到大劫降臨，當宇宙時序輪轉至收天閉地之前，理天眞宰必會派遣已深知本體且回復本然之性及脫離輪迴的智者，再度降世人間宣揚回歸理天，返復至理本性之道，教人認識明德本性，離棄氣稟物慾、去惡從善，直識光明天性。因此他認爲三教所傳盡是教人離氣棄象、回復至善之理、返歸本來之性。是以他認爲佛家所謂的眞空、道家的妙有、儒家掃除聲色之化民，無非都是形容理天本體，教人不泥形象、不拘聲色，直見本來天性認識本源主體，如此才是三教聖人傳道的眞義。〈一貫探原〉說：

> 歷代諸聖，奉上帝之命，降下塵寰，各立宗旨，教化愚蒙……三教究竟，指教人由象返氣，自氣返理也。然非久居無極理天之人，不能知無極理天之道。非奉無極理天之命，不敢傳復還無極理天之法，不敢評無極理天之品。故儒至理天而成聖，釋至理天而成佛，道至理天而成仙，三教歸一者，歸於理也。（86～87）

〔註 5〕 同註4。

這段引文更是證明了三教聖人應劫度人,其於末劫時期奉無極真宰之命,降生塵凡,教人回歸本初,宣化本體根源。三教雖名號有異,地分華夷,然而所傳回歸理天本體之道卻是一致的。這裡所談到「天命」的問題,是宗教上的重要主題,也是中國民間宗教的一大特色。「天命」意指「救世主」或各教派的領導者,他們身負上帝主宰者的旨意降生人寰,宣揚上帝的懿旨,救度眾生脫離人世間的苦難,回歸「人」所從出的本體之地。因此他認為歷代聖人與三教教主,都是奉有上帝「天命」的救世主,他們宣揚上帝的理念,教化世人回復本初之性,返還原性之善,與本體共同存在,免受浩劫時的苦難。因此他說「非奉無極理天之命,不敢傳復還無極理天之法」說明了唯有身負「天命」者,才是真正的救世主,也才能宣揚上帝之理闡述上帝之道。天命的另一層意義,在於傳道者必須受信於信仰者,因此必須強調天意的重要性,說明他們都是身受上帝的懿旨,負責末劫傳道救世的聖命,並以此天命自許,不辭勞苦、犧牲而負起傳道度人的聖業。因此王氏認為每一時期、每一區域都會有負有天命的聖人,他們代表上帝宣傳返本歸根之道,而三教聖人與歷代諸聖就是奉有上帝之命傳道救人的救世主。因此他認為道統的傳承,代表著每一時期身負天命傳道的聖人所傳授達本還源的大道,是以道統在他的眼裡,開劫度人的意義更甚於學術文化的傳承。

末世救劫是六朝道教與民間宗教所宣揚的重要理念。或許有人會懷疑,道統承傳經歷數千年之久,何以已經過數千年而未見毀天滅地的浩劫來臨?此一疑問必須從整個宇宙時空審識,一宇宙的生滅時序為十二萬九千六百年,而幾千年在整個時序週期中只是一小部分。是以非到最末的時刻,不能傳授理天之道,必須整個宇宙週期已至收天閉地的緊要時刻,無極真宰才會派遣已回歸理天的仙佛諸聖降世傳道,救渡度眾生。

王氏認為人生於寅會沒於申會,眾生在此數萬年之中,流浪生死輪迴不已,是以在申會之前的午會,理天主宰派遣負有天命的傳道者展開救劫渡人的工作,而整個道統的傳繼即在午會之中,因此才有午會傳道之說。他在〈一貫探原〉說:「午會傳道,為自有還無之漸。」(頁 86)說明天地的周流循環自有歸於無之時,必有一場傳道救劫的工作,因此才有三教聖人與歷代諸聖的降生傳道救人。由此可知他對道統的認識與新詮,亦藉此了解他對天命與傳道者之間的密切關係的認知,因此可以說王覺一對於道統的詮釋不只停留在道德文化的意義,而是歷代聖賢仙佛救人脫劫的神聖使命。

三、超越輪迴的度脫意義

　　大多數的宗教認為人的身體形骸乃隨生死而存滅，但是人的性靈（俗稱靈魂）則永遠存在。誠如瑞里教授所說，人的身體死亡之後他的性靈可以繼續生存與發生作用，〔註6〕因此若不局限於有形物質而言，可以說人的性靈才是生命真正的主體，形骸則是這個主題賦予生存的物質，物質會隨時空而改變毀滅，主體則永遠存在不會改變。王氏認為本然天性不生不滅本自存在，而人的身體乃由二五之精的物質組合而成，因此他說：「未有此身，先有此性，此身既逝，而此性仍在。」（〈大學解〉，頁 1）但是自降生以後，本性蔽於氣稟物累迷不知返，因此輪迴世間、流浪生死，形成「認逆旅為故鄉，抱他姓為己兒。」（〈大學解〉，頁 15）不識自性本源因此不斷生死輪迴，迷惑越深離道越遠。因而理天主宰命歷代聖人傳授本體大道，教人回溯本然至善返歸理天本體，脫離肉體形骸的輪迴轉換，免受生、老、病、死的人生之苦。他在〈三易探原〉描述人類迷昧、沉溺於氣稟聲色而不停地輪迴生死時說：

> 自降生而後，氣質之性，來自氣天，入於口鼻，充乎一身。混沌鑿破，四門大開，情識漸生，天真漸沒。及至六慾奔騰，雲霧迷空，青天若亡矣。青天即不壞之金性，人人有此不壞金性，因拘於氣稟，蔽於物欲，迷真逐妄，背覺合塵，不盡孽報，萬變輪迴。（頁 53）

在此說明本性受氣稟影響，呈現惡的質性，耽溺貪嗔癡愛的假象中，眼耳鼻舌身意受外物引誘，迷戀聲色，因而逐漸迷昧於形象之間。再而氣質之性與質性的貪迷，致使無數輪迴之中造下業力，形成生生世世的孽報轉輪，受到命運的搖擺，深陷無限的苦海中。因為本性不斷地生死、輪迴，使得本初之性沈迷忘返，迷戀假體而忘卻本源。因此王氏所宣揚回歸理天本體的教旨，即是教人直識本體根源，當下見識本性，脫離輪迴，不再帶著假體形骸流浪生死，〈理性釋疑〉說：

> 理則主氣主象，而萬劫不壞也。人人皆違乎理，則生死輪迴；人人皆還於理，則天地或幾息矣。（頁 124）

他說明了唯有理天本體才是亙古不滅的永恆存在，不受宇宙生滅週期影響，

〔註6〕劉易士著、黃明德譯：《宗教哲學》（臺南：東南國神學院協會出版，1981 年），頁 326。

餘者將隨元會循環而歸諸於無。因此若人人能回溯明德天性回歸理天，則可以與理天主宰共同主持這場收天閉地的造化之道；但若未能認識本來自性修煉本我，依然癡迷於萬象百物，不斷地生死輪迴，則將與天地共同毀滅。是以他所傳授的理天教義，主要目標在於引領眾生了脫生死超越輪迴，以期到達理天彼岸，這與佛教的教旨幾乎同出一轍，異同而同工。〔註7〕

四、三曹普渡的救難思想

王氏的救劫理念不僅解救芸芸眾生免於浩劫之災，更將此一救難精神擴衍於所有性靈之物，這些賦有性靈之物乃因太極氣天的運行而各司其位的星斗世界。他說：「子會開天，星斗靈光，各降其位；丑會闢地，山川之靈光，各降其位；寅會生人，人物之靈光，各降其位，而世界立矣。」（〈一貫探原〉，頁 94）由此可見王氏是屬於泛神論者，他認為山川、星斗皆有靈性，它們位居氣天之中隨著太極之氣的轉動而運行有常。他說：「太極之天，包乎大地之外，上運星斗，貫乎大地之中，下生萬類。」（同上，頁94～95）說明星斗萬類皆倚太極之氣而運行而不失其序。

太極氣天上貫星斗下貫大地，周流不息，而成另一天體世界。王氏認為舉凡氣之所至，則物物各其主，物物皆有其性，也就是物物皆有其神，他在〈一貫探原〉說：

> 氣中之神，有陽神、有陰神。以一氣流行而言，則來伸者而為神，自子至午，太極之陽儀也。往者而屈者為鬼，自午至子，太極之陰儀也。以對待而言，則河漢星斗，為氣中之陽神。十殿諸司，為氣中之陰神。五嶽羣山，天中地也，其神為少陰之神。四海百川，地中之天也，其神為少陽之神。少陰之神，司善惡於人間；少陽之神，興雲雨於空中。則此而推，易有三百八十四爻，爻爻有神，則以奇偶分陰陽；天有三百六十五度，度度有神，則以寒暑分陰陽。（頁92～93）

這裡所說的「神」是指一般民間信仰中受百姓供奉崇拜的神明，屬於氣天的神祇。他們各掌其位各司其職，使宇宙的運轉、四時的交迭井然有序。因此

〔註7〕 有關佛教的度脫觀，可參閱釋昭慧：〈佛教的解脫觀〉，民國83年度東方宗教討論會會議論文。

王氏認爲氣天雖非本體，但是氣天中的每一事物皆有其性靈。較之於象天界，氣天諸神各盡其職使天地運行守常有序，對現象界的萬類人物有極大的貢獻，因此受到黎民百姓的尊敬供奉，是以王氏以爲宇宙的運轉與四時的更迭雖變而有常，都是因爲氣天神祇各司其守的結果。然而氣天的週期雖長而有限，浩劫一至，與之俱滅。身爲傳道者他不忍氣天諸神與劫共毀，因而提出「三曹普度」的救難思想，〈一貫探原〉云：

先度人物，次度鬼魂，終度星斗，三者靈光還於無極。（頁 94）

由此可知上度河漢星斗、氣天諸神，中度芸芸眾生，下度幽冥鬼魂，即是王覺一的「三曹普度」的思想。

他認爲萬類事物皆源自理天，但因降生而後拘於氣稟迷昧本來。因此發揚氣質之性善者雖然可以成爲氣中之陽神，但仍然不能脫離輪迴，因此他說：「鍊形歸氣，則不囿於物，可超越界。氣中之靈，雖後質而滅，即壽之大者，難滿一元，其究終有窮盡。」（〈一貫探原〉，頁 92）說明能夠拋離現象界的物質引誘，知天地生成之大要，明曉氣天之所在，不拘泥沈陷於形色物質之間，雖然可以超越象天成爲氣天神祇受人供仰，但是仍然不究本體根源，難免浩劫降臨時的毀滅。

至於幽冥鬼魂，即是生時耽戀甘食悅色，流連物慾享受，迷昧聲色而不究生命根本、去惡從善，沈迷現象界的誘惑。死則淪爲幽冥鬼魂等待一次又一次的輪迴。若生時無惡不做，傷天害理，違背良心，損人利己，則死後本性墜落地獄受苦接受十殿幽司的懲罰。然而無論氣天神祇或幽冥鬼魂，其中或可能有我們的祖先，因此他以救度幽冥鬼魂的方法，超拔世人的先祖脫離氣天諸界，同返無極理天。因此他說：「天道奉天承命，三界十方悉通，下度有情萬類，上度河漢星辰。」（〈大學解〉，頁 18）說明了大劫來臨前的午會傳道，乃奉天帝之命大開普度，舉凡來自理天具有性靈者都將隨這場救劫普度而回歸理天。

由此可見王覺一的救劫精神並不局限於現象界的「人」，而是普及擴展至宇宙間的有情萬類——具有生命力的每一事物，足見其救劫思想的超越與深遠。

雖然劫變的觀念充斥於王氏的宗教思想中，但是可從此看出他救人脫劫免災的悲憫胸懷，不忍眾生陷入浩劫的苦難，因而宣揚超越生死、脫離輪迴、回歸本體的宗教理念。由此可知他的救劫精神更甚於宣揚劫變的思想。

第二節　修道的意義

就宗教人而言，修行的意義為何？如何藉著修行以提升自我的性靈？如何尋訪正道依其教導規則的方式修煉，回歸本我所從出之所，尋回「我」的真正面目？此為每一個修道者必須經過的思索歷程。

王覺一認為「三教傳心，有正法、相法、末法之分」（〈三易探原〉，頁47）說明三教傳道本傳直契本體的真理大道。然而因後人的誤解或因再傳者傳達錯誤不能正識本源，因而後世產生眾多法門，導致後人不能真正認識三教心法之真傳。他對三法的解釋是：「達乎交易、變易、不易之源，則體用合一，本末兼該，有無不二，顯微無間，靜聖動王，執兩用中，此謂正法。若達交易、變易，而不達不易，則有用無體，知有而不知無，知顯而不知微，有動王而無靜聖，囿於慾界、色界，而不達無色界之外，謂之相法。再次則達於交易，而不達變易、不易，則囿於慾界，而生死輪迴，此謂末法。」（同上）不易、變更、交易表示理天、氣天、象天的代稱，前已述及。可知他所謂的正法，意指能夠洞悉本體，了解宇宙的本源與生成之道，明白本體根源體用合一，生生不息的循環道理，超越氣天、象天的質性而直識理天本體。此一傳授天、人本源，見性成道的修煉法，才是三教聖人心心相受的正法、正道。然而因後人的誤解或妄加揣測，致使正法淪為相法。所謂相法則知用而不知體，知氣的流行生成卻不知本體根源（即知顯不知微），知人道而不知天理（理天），因此修煉此法者「足以為善人，而不足以為聖人」（同上）雖可以位居氣天之神卻不足以洞達理天回歸本源，因此難免大劫時的毀滅。至於末法則指修煉神通法術者，屬於有為法，凡有為法皆落入象天界中只知有而不知無，不免沉淪於聲色形象之中。他形容末法的神奇法術時說：「小道之術，亦有煉出識神遊歷四出，知人禍福者……學此之人，身謝仍入輪迴。」（同上，頁49）說明相法雖足以誘人卻不能逃離輪迴，依然在象天界中流浪生死無法擺脫形體的束縛。因此他說：「豈人間中庸云『聲色之於以化民末也，德輶如毛，毛輶有倫，上天之載，無聲無臭』至矣。金剛經云『若以色見我，以音聲求我，是人行邪道，不能見如來』又云『凡所有相，皆是虛幻』老曰『大道無形』三教聖人皆未言空中樓閣，靜裏榮華之事。」（同上）他說明了修道需尋訪正法，認識理天靜體無形無象的本質，切莫只停留知氣轉動之「顯」的修煉法，更不可沉迷於神通法術的奧祕詭異，必須正視三教聖人傳世的心性，由聖聖相授的心傳體驗本體的自在光茫，如此才是修道的真諦。因此本章節對於修道意義的詮釋將扣緊王氏對正法的認知敘述，藉以

認識其宗教理念中的修道精神。

一、尋明師、覓正道

　　王氏之所有正法、相法、末法的想法，必定在他修道的過程中，偶遇其他教派傳授所謂不能洞達理天本體的相法與末法，因此深深體會如何訪尋真正了解本體的明師引導，指引返歸理天回復本初之心的修道方式，不致誤入歧途，望洋而返，實是修道者第一要務。

　　尋求明師以得正道，超生了死，解脫輪迴，一直是民間教派所宣導的理念。〔註8〕而在王氏的思想中，他認為唯有正視明德天性，回歸理天本體，才能達到超越生死、輪迴的至善境界。

　　然而理天之性本來具有又何須向外尋求？他的解釋是「明德雖人人之所固有，然自有生而後，拘於氣稟，蔽於物慾，迷真逐妄，背覺合塵，若非生知之聖，大都有而不知其有。」（〈大學解〉，頁 6）職是之故，必須得到真正了解回歸理天之道者的引導，才能正本溯源返回本體。因此他認為欲求真理至道，則「必須真師指點理天、氣天、象天之源；理性、氣性、質性之分。然後知得之理天者，乃惟微之道心，道心即明德，明德即至善。得之氣天者，為惟危之人心。得之象天者，為血肉之心。」（〈大學解〉，頁 15）所以他認為唯有尋求洞悉理天本體者，才能真正獲得了脫生死、躲劫避難的回歸本源之道。若無明師指引而誤入歧途，則不能脫離生死輪迴，致使本性流浪寰宇而迷不知返。因此明師在王氏的理解裡，代表引導返顧回溯光明本性的導師，藉著明師的指導，信仰者可以當下直識本性，貫徹自我光明天性。明師引導初修道者一條光明正確的道路，使人能夠脫離輪迴，回歸本源與本體共存，因此他稱明師又稱「真師」，意謂真正能夠引導初學者深入至理大道的「光明之師」。是以他說：「止於象，則有壞；止於氣，則有盡；惟止於理，則不壞無盡。」（〈大學解〉，頁 7）說明若無明師指引，修持有為法而囿於現象界的聲色與癡迷速成之術，則必隨現象界的無常與短暫而損壞，修煉氣天之道雖可暫時免離輪迴，但氣天年限雖久仍然脫離不了浩劫之滅。唯有洞達理天者，才能確切闡述理、氣、象的區別，傳授返本還源的真理大道，指點性命的本源，超越氣、象直達於理。因此尋求明師，直指理天本體的見性之道是修道者的當務之急。

〔註8〕林萬傳：《先天道研究》第三章。

　　王氏認為尋訪明師是修道者的第一要務，因恐世人誤入歧途，不得正道而修持末法，徒勞無功。因此他認為三教聖人所傳修煉心性的救世之道，末流不解其意而妄加衍飾，致使真義殆盡而淪為末流小道。他在〈三易探原〉說：

> 道自金丹之說興，末流多入於執象；佛自頓教之傳失，末流多入於
> 頑空；儒自孔孟既逝，程朱以降，學者大概囿於文字之間。（頁61）

他以為三教之說皆教人達本還源回溯本初天性，因此皆以離氣棄象為根本，掃除聲色形象為方向，認識本體以「無」生「有」而歸諸於「無」的本質。因此三教的原始本意乃教人認識「道」，進而與道合一不分彼此。然而道教自金丹之說興起，則「九轉還陽丹、九轉金丹、九轉紫金丹，種種譬喻，種種名號，層見迭出，萬變不窮，故令聞者喧耳，見者炫目，千歧萬派，疑竇滋生，而爐火、採補、搬運、吐納之外道旁門，由此而出矣。」（同上）其中所引諸多道教修煉丹功的名詞，乃道教獨門功夫，皆有其特殊意義。但是王氏認為這些有為的修持法都是旁門左道，只停留在有象法之內，執著於形象事物的修煉，不能體識理天本源，因而誤解了「金丹」一詞的本意。他認為「金丹」的真正涵義是「以性命稟於天，天在大易為乾，乾在五行為金，故以元性之體，喻之為金。因神氣聚，萬脈歸源，情智胥泯，渾融一團，故以元性之用，喻之為丹。」（〈三易探原〉，頁60）。說明了「金丹」的本意原是用以形容本然之性不受氣稟物慾污染，沒有七情六慾的牽絆，完全呈現光明本體，是以他說：「金即天，天即理。」（〈三易探原〉，頁61）他以五行八卦的方位詮釋金丹的意思，以金、乾、天三者方位相契，是以意義相通，故認為金丹的原意乃強調回復理天本性，返顧修道本意之心，此一對「金丹」的詮釋雖非道教原義，然扣緊理天本性而談論，可說是他的獨到見解。

　　至於佛教之傳，他認為六祖慧能以掃除文字、直指人心、見性成佛的修道法才是釋佛的嫡傳。神秀一派在他心中也是屬於末流小道，未能見識本源。他說：「北宗神秀，傳授執於講誦，不達本源。其間優者，亦可以消冤解孽，獲人世之福壽，享顯代之榮華，不能超生了死，報盡終墮。」（〈三易探原〉，頁59）他認為神秀一派的修持法因執著於講經唸佛，只能求得來世的福報卻不能脫離生死輪迴，因此不識佛陀心法的真理，沒有直溯本源，也是屬於小道之流。

　　而儒之心法自孟子以後，程、朱以降鮮有造其域者。漢儒執於訓詁，魏

晉侈談清虛，唐重詩賦，競尚辭藻，〔註9〕所言皆拘泥於文字語言，未能眞識孔孟心法之眞義，忽略孔孟教人回歸本源、認識本心的宗旨，所以他認爲宋朝程、朱一派的理學諸子才是眞識孔孟之道的明「理」聖人，餘者盡爲迂儒，故不足效法。所以他認爲三教教義的本旨，因後人不達原意妄加揣測演繹，致使聖人之言盡失。是故「儒者淪於辭藻，以四書、六經作利祿之階梯，僧、道則專爲衣食，借仙經、佛典爲乞食文憑。至此則三聖遺言，亦在若存若亡之間，即善人亦不易見矣，此則謂之末法。」（〈三易探原〉，頁48）說明了三教聖義盡失，被後人誤解利用，儒家經典則演變成爲科考用書，學者只求文字表義而不識孔孟傳道心法，將儒書做爲利祿發達的墊腳石，藐視了聖人的心聲旨意。僧、道借仙佛之名受人供養，不須勞力付出接受善男信女的供俸，類此修道法在王氏的心中都是屬於末法。因此他認爲三教聖人之言流傳至後世雖存而猶亡，存者只是文字表義，而所傳超凡入聖之心法則鮮知其意。由此可見民間教派在當時的修煉方式，已改變早期佛教受信仰者供養的修行式法，成爲一種自力自食，自力更生，不倚靠信奉者供養的修行之法。因此他認爲佛、道末流乃專爲衣食而不識性命大道，是故尋訪明師的重要性就是尋求正法明道，以免淪落小道末流，徒勞無功。

在王覺一的認知裡，三教聖人的傳道教義至末流而不能盡識眞義，淪爲拘泥形象物質的旁門左道。因此若無明師指點，稍不謹慎就會淪入末法之中，迷不知返。因此訪求明師的必要性，就在辨識正道與末流中更突顯其重要。他在〈大學解〉中說：

> 學者必訪求眞師，指點詳明，超氣離象，洞達神明，得其明德至善之所在，知空中之不空，識無中之妙有。（頁8）

在此明言唯有眞識理天本體的明師，才能引導初學者步入正道，指明理、氣、象的不同，洞悉人性本源，尋回「我」的本來。因此尋明師訪正道可說是修道者的第一要務。

二、聖域賢關的區分

理、氣、象是王氏天論思想中三種不同層次的領域。理天是本體，宇宙根源的主宰；氣天是萬物生成的主軸，代表物質層面生命動力的開始；象天

〔註9〕〈三易探原〉，頁55。

則是一切存在物的表象，動植萬物活動的空間。但是就修道層次而言，洞悉理天本體，明善復初，回溯明德本性，才可謂了解天地造設的聖人；若只了解有形天地的轉旋生成，發揮氣質之性的善性層面，未究本體根源，認氣作理者，則謂之賢人；而迷戀現象界的聲色形象，流連相法神通，漠視宇宙本源、天地生化，耽溺物質享受者，則謂之愚人。是以就修道而言，癡迷現象界者已不足論，因其不知天地造化及人之為人的意義，只能不斷地更換形骸流浪生死；而認氣作理誤認本源以及洞悉本體者，則有其層次上的差別。王氏對於修煉理、氣的區分於此詳作描述，藉此闡述認理返本的重要修道觀念。他在〈一貫探原〉圖對氣天界的描述云：

> 宗動天，此即太極氣也。此天上運星斗，下托大地，中貫萬類，浮沈升降，默運四時。高者輕清而行速，下者重濁而行遲，七政之所以分，八卦之所以判，閏餘之所由起，而氣數之命、氣質之性所由來也，十二萬九千六百年為一終始。（頁74）

氣天的運轉是天地萬類賴以生存的生命動力，無氣則宇宙無以生。因此氣天雖無形體可視，但是其運轉的軌跡卻是人世制定曆法，推演四時變遷的準則。是以能夠體認氣天生化人物萬類，感念天地化育萬物之德者，因其行為處世與天地合德，故身亡後本性與氣天合體成為氣中之神。然而不識本源，故可成為賢人卻不是體悟本體的聖人。而在此一天體模式中他對理天的敘述云：

> 致靜不動天，此天即無極裡天也。此理雖神妙以渾然，實條理之分明，至無能生至有，至虛能御至實，超乎九重天之上，則委氣獨立，天地人物之性，自此而降，為開物之漸，回此天則為開物之漸。（同上）

他認為能夠洞悉開天闢地成物之本者，理解理天神妙，至無生有，至虛御實的無限奧妙，才能明白無形的不動之理才是天地人物的根本。而氣天之氣只是無形之理的派生，並非本來。因此唯有體認超越有形天地的本體之理，才是真正的體「道」之士。〈理性釋疑〉說：

> 道心，理也。上應至靜不動天，此生天生地，常而不變之天也，造此者謂之聖域。儒曰大成之聖，釋曰大覺金仙，道曰大羅天仙，三教歸一者，歸於理也。故儒曰窮理盡性，道曰三品一理，佛曰一合理相，言雖不同，而理則一也。人心，氣也。上應宗動天，此變而

有常之天也，造此者謂之賢關……聖人之樂，全道心也；賢人之樂，
伏人心也。（頁 132）

在此說明「理」是三教共同追求的目標，名號稱呼雖不相同，但是共登理天
聖域的修道宗旨是一致的。聖人體認本體的存在，知曉明德天性的本源，所
以將本然至善的光明天性行之於人、事、物之中，貫徹理天之善德。而賢人
雖能明白氣天的造化運作，因其感思天地化育之德，故其努力發揮性善的一
面，但是終究不能透徹本體之理，因此無法與理天共同主持天地的生滅終始，
此為聖人之樂與賢人之樂最大的不同。是故他說：「入賢關者，氣還太極天也；
入聖域者，神還無極理天也。」（〈中庸解〉，頁 35）說明知氣不知理而以氣為
本者，其造詣只達太極氣天，可稱之賢人而不可謂之聖人；能夠認識「理」
為天地之本，回返性命之源共赴無極聖域，才是體現修道真諦的聖人。

王氏之所以如此關切修行者是否體認本體依理天之性而修持，其重要的
理念即在於修持者「得道」與否。「得道」是修行者修道的主要目標與宗旨，
主要目的在於避免修道者誤入歧途末法，「得道」的意義表示修行者已尋得正
道真理，修得「正果」預期可見。王氏認為「得道」就是「得理」，認識天地
本源，涵養天性本心，正本溯源，如是者謂之「得道」，〈一貫探原〉說：

三清上聖、釋迦、觀音、孔、孟、顏、曾，得道而成之類。何謂道，
無極之理是也……為天賦之命、本然之性、道義之心。（頁 91～92）

他認為三教聖人之所以被稱為得道聖人，受後世垂拜稱頌，在於他們洞達無
極本體，修煉人人本有的本源天性，是以形骸雖壞卻足以為後世效法，留芳
萬年。因此修持明德本初，跨登理天聖域，是三教修道的宗旨也是有志修行
者的共同目標。〈一貫探原〉說：

聖域者何？至靜不動，無極理天也。孔子有見於此，故造詣至此，
造詣至此，故與此天同體同壽，永劫常存。此登峰造極，至極無以
復加之地，故聖稱至聖，人稱至人，神號至神。如學不至此，見不
及此，行不到此，得少輒足者，皆非到家之學也，何至之有？佛曰
一合理相，老曰大道無形，生育天地，釋玄二聖，皆深造聖域，優
入聖域者也，故稱天人師表。（頁 82～83）

王氏一再強調說明學道修道必須明師指引，認識本體修持理天之性，方能與

理天同體同壽，萬劫不滅。無極理天是修道者的最終目標，因此歷代聖人雖以不同的文字形容其宏偉，但是終極目的卻是一致的。所以若不能體會三教經典的真正涵義，步入歧途，誤以誘人耳目的有為法是正道，則無法達到修成正果的境界，依然停留形色之間，無法脫離元會浩劫。因此唯有體認理天，經明師引導修持本然之性，回歸本來，才能達到至聖、至理、至善、至神、至人等登峰造極的完善意境。本性回返本體，歷劫不滅，與無極聖域共存，才是修道人的生命意義與終極目標。

三、修道功果的差別

　　一般而言，修道的主要目的在於脫離輪迴的孽報，尋回人性本來面目，與宇宙本體合一，自在逍遙。不再與二五之精相合降世寰宇，遭受生老病死的人生苦痛。故以俗語而言，修道的目的在於「成仙作佛」，超越世間有形生命，追求與本體同體同壽的永恆，不再受物質現象所引誘牽絆，尋歸自我的本來。

　　因此修道者的成道功果如何，一直是世人認為「得道」與否的標準。王覺一以聖域賢關區分是否「得道」，用以判別修行者的修煉方向是否有誤，藉此以分別世人對於「神」的觀念。

　　他說明「天」雖浩瀚無窮，變化莫測，然而一般人只看到有形的天（象天），或感受流行不息的天（氣天），大都忽視本體天的存在（理天）。是以大多數的修行者多認氣作理，誤認本體。雖可與氣天同體同壽，但仍免不了宇宙週期的毀滅。所以王氏認為只有認識本體根源的聖人，才能夠不生不滅、萬劫常存。

　　他將一般人所功奉的神祇區分為二：理中之神、氣中之神。藉以說明「得道」、「成道」的聖人仙佛與誤認太極為理二者之間的不同〈一貫探原〉言：

> 若不明乎理，囿於氣中，卻慾調息，終身不息，可成此天之果，縱縱飛雲走霧，感而遂通，宗動流行之氣，十二萬九千六百年，終歸窮盡。此天窮盡，成此天之果者，能不隨之而盡乎？（頁83）

又〈三易探原〉云：

> 若能為善去惡，積德累功，消除冥愆，然後卻慾調息，久久功純，所稟之氣，來自氣天，仍與氣天相合。凡氣天中事，有感悉通，脫於四大，還於太虛，則為氣中之神，可以與天地同壽，日月齊年。（頁46）

說明若能拋物離象，涵養身心，去惡從善，積累功德，久而久之，充塞一身之氣純正，則可與氣天相契成爲氣天神明。氣天流行運動構成萬物生成，因而氣天的神明得以統馭氣天事物，是故具有騰雲駕霧的神通法力。然而若只知氣而不達於理，縱能與氣天同體，統御氣天諸物，但不免受限氣天的流行年限，故亦將隨宇宙生滅而俱毀。因此雖然氣天神明的道行高於現象界的層次，但仍難免浩劫時的滅亡命運。因而王氏認爲，唯有體認本體，回溯本來天性，光明自我天賦之性，去氣離象，認識宇宙主宰才足以與本體同壽。他將達於理天本體者稱爲理中之神，〈一貫探原〉言：

> 理中之神，上居三十三天，在慾界、色界、無色界而上，下照一十八
> 獄，統慾界、色界而下，無所不統，無所不理，不疾而速，不行而至，
> 無爲而成爲，在而無不在，爲無始無終，永劫不壞之神。（頁 91）

理天統馭宇宙群體，雖無形象卻無所不理。若無理則天崩地裂，不成世界，因此理天的運行上達天界下至地獄，無所不至。因而回歸理天的修道者，既與理天同體故其能力與理天相通，可以貫徹三界之外而通行三十三天，因此理天神明不受任何拘束逍遙自在。所以他說：「生天生地之天即我，我即生天生地之天，如是者謂之得道而成，天地有壞，此神常在，此即理中之神也。」（頁 92）理中之神與理天同體，故與理天共同主持天地造設化育，不受元會週期所毀滅，故能歷劫常存。因此就修道的功果而言，修持理天之法者其功果是無窮盡，而修氣天之法者其功果年限雖長，但仍經不起宇宙時序的考驗，將隨元會循環而毀滅。因此由修道的功果可知修行者所修煉的教法是否爲「正道」，若能回歸理天本體，即可謂修得「正果」。若只能到達氣天境界則不可稱謂得道，依然沉淪於小道末流之中，因此唯有返溯本體的達本之士才可稱呼得道正果的理中聖人。

　　從與理天共存或毀於浩劫的觀念，可以了解王覺一對於修道的理念，不僅只是局限於道德涵養，更要超越物質現象，達到形而上的本體，洞悉宇宙世界之源，回溯「人」本性所從出的根出。道德上的修養只能稱爲「善」，這是人人在行爲上必須具有基本修持，去惡從善的道德理念只要有心者都可達成，但不能稱爲「至善」。一位洞悉「至善」本源的修道者，除了具備善行的道德涵養，更應知曉天地之本與宇宙運作生成的原理，明白天地萬物性靈的根源，如此才能了解人爲什麼要修道，爲什麼要回歸本體。人的天性既由理

天而來，藉由父母二五之精而與物質形成的肉體結合，成為一個有生命力的個體，因此必須倚藉肉體的修行返溯理天本性，使本來天性得以在形骸身亡之後回歸本源，而不是再與另一具肉體結合，輪迴生死。即使在世深具道德修行，死後成為氣天神明，這樣的認知仍嫌不夠，如果不識性命本源，浩劫一到，仍不免於與宇宙共滅。是以王氏以世人熟稔的神祇為比喻，說明修道者應尋回本源，回復理天光明清澈之性為宗旨，而不應只是一味地「眾善奉行」，道德修養只是初步，達本還原才是修道者的終極目標。

第三節　終極實體的關懷

回歸宇宙根源與上帝同在是每一個宗教修持的最終目的，而這個與上帝同在的天體空間則是每一個宗教人汲汲追尋的理想國度。這個理想國度通常被稱為天堂——宇宙不滅的本體與人類性靈的根源地，此一天體本源是人類窮盡心力所欲到達至善境界，也是舉凡有信仰者生命的最終歸依之處，為人類生命終極的神聖終點。

西方神學家田力克（Paul Tillich）在其《信仰的動力》（Dynamics of Faith）一書中將宗教信仰界定為「終極關懷」（Ultimateconcern）他認為信仰就是個人自我的整體及集中行為，亦即無條件、無限、而終極關切的行為。項退結先生則在此基本認知中加以補充，認為宗教信仰是對神聖領域的信念。〔註10〕就此而言，宗教信仰最終的目的可說是對神聖領域（天體、主宰）的追求，是宗教人自始至終最關切的生命意義，代表個人追求聖域之絕對、恆久、圓滿的關懷，〔註11〕此乃宗教人對宇宙實體的肯定以及對生命最後歸依處所的認知與關切。而田力克氏對於宗教信仰的界定為「終極關懷」的說法，廣為目前研究宗教者接受。而本節即欲由宗教者對於神聖領域的「終極關懷」，探討王覺一對於終極實體——理天的追求及其真實意義。而王氏對生命的終極關懷可由兩方面觀察；個體回溯至善本性的意義以及返歸理天本體的修道宗旨，本節即由此觀點研析討論。

〔註10〕項退結：〈宗教與哲學〉，載於《哲學與文化》第 12 卷第 8 期，頁 59～60。

〔註11〕林安梧：〈論儒家的宗教精神及其成聖之道——不離於生活世界的終極關懷〉，載於《東方宗教討論會》會議論文。林氏對「終極關懷」的詮釋是「不是相對的，而是絕對的，不是暫時性的、有所缺的，而是恆久的、圓滿的，這樣的一種關懷」。

一、回歸個體本性的意義

　　王氏認為人的性靈來自理天，是「純乎天理，粹然至善，不識不知」的道心（〈一貫探原〉，頁 108）不雜乎氣的澄澈光明。但自降生以後因受氣稟的沾染與物慾的牽累，迷真逐妄，忘卻本來，不停地更換形體而輪迴生死，迷昧本初之心，致使本善之性背覺合塵，蒙蔽不明。因此就生命個體而言，如何認識性命本源，明善復初，發揚善性，是修道者發現自我，體認本我的重要理念。

　　王氏對於人性根源的詮釋是屬於神人同性論，本然之性源於理天未有不善，是以他對人性抱著「人皆堯舜」的肯定。而之所以產生善惡的分別與神人的差異則在於迷與覺的不同，他在〈一貫探原〉云：

> 自理入氣，自氣入質，迷而不知返者，凡人也。由質悟氣，由氣悟理，返本還元者，聖賢仙佛也。（頁 104）

自理入氣，自氣入象，本是宇宙形成的必然過程與現象。然而若能體悟現象界的短暫與宇宙時空的不可靠，尋求本源之所，回溯上帝賜於「我」的本來面目，洞悉「我」（個體）乃由主體而來，宇宙主宰者與「我」本為一體，無分彼此。是以能夠領悟理天本體的真實存在，涵養本心，超越形象物質而回溯理天者，則是先知先覺的聖人仙佛；若是癡迷物質現象則氣稟越深，不能認識「理」者，則是一般迷不知返的凡夫眾生。

　　王氏一再強調「理本一致，故修此性，聖凡同歸」（〈三易探原〉，頁 44）說明聖凡之性本自同源，豈有差異？而聖凡之所以各分歧路，則在於降生之後的覺與迷。若能存天理去人欲，積功累德，發揚明德至善，體悟本源，皈依本來，則聖凡一家，何有分別。因此就個體生命而言，發現自我的本來天性，體現純然至善、粹然天理的天命道心，亦即認識「至善之理，乃無極之至真」（〈大學解〉，頁 7）理解未生以前不雜乎氣也不沾染聲色物慾的光明自性，了解個體存在的價值意義與理天主體是互依互存的。〔註 12〕是以貴為萬物之秀的人，必須洞達自我明德之性，才足以達到個體生命永恆而圓滿的境界，對於生命的認知與實踐方可謂完善無憾。

　　王氏由理天本體正視個體之性，他認為三教所傳的文字語言雖有不同，但是教人回溯本來天性卻無二致。是以唯有達到體悟自我生命本源的超越境

〔註12〕個體與主體互依的觀念源自安樂哲（Rogert.Ames）：〈孔子思想中宗教觀的特色——天人合一〉，載於《鵝湖》第 9 卷第 2 期。

－111－

界，修道者的生命才算圓滿，〈一貫探原〉說：

> 修養學道者，皆曰歸根認組。此（理）外無根，歸根者，歸此（理）也。此（理）外無祖，認祖者，認此（理）也。不知此（理），則不能自度，焉能普渡。（頁104）

他說明了學道者、修道者的最終目的都是在於尋回本源，回歸本體。意謂生命的本源在於理，而個體的生命根本在於天賦本性，即所謂的「性即理」。而每一個體的性靈特質都是至善光明故不曾有惡，只因降生而後受氣稟、物慾所累而迷失本初。所以他認為生命的根、祖即是理，理呈現於個體中是性，而性的本來是純正無瑕、至善無染。因此他認為修道者必須對本來自我有正確的認知與理解，並以修煉本然天性為宗旨，才可稱謂「歸根認祖」。若對自我認識不清或有歧誤，致使本性淪落氣、象二界，流浪輪迴，如此都不能「自救」（案：度有救的涵義），又豈能救度芸芸迷不知醒的眾生？是以王覺一對於個體生命的終極意義在於認識本來天性，實踐明德至善的本然，明善復初，如此才是生命的終極目標與修道意義。

二、返溯理天本體的真諦

王氏認為理天是宇宙生命根源，萬物的靈性皆源於「無生真宰」的造化生育。因此當元會循環結束流轉時，一切源自理天的生靈應以回返理天為本分，如此才能成一完整的宇宙創造→滅亡→創造的圓滿生造契機。由無生以見生生的生命動力，亦由此而知造物主創生萬物乃由「一本散萬殊，萬殊歸一本」的造物理想，由無生有，由有反無如圓形般的圓滿、充滿生機。是以在整個宇宙生滅環境中，按理而言，毀滅於週期循環者應屬與物質層面的氣化物體，而非無形的性靈本體。因此天賦之性雖藉肉體活動於象天物質界，但「人」應回溯「人」之根本，與無生真宰共同創育天地萬物。然而人自氣天界而降沾染氣稟的氣息太深，流連於物慾現象的引誘，本初之心受到污染故而無法與理天本體相應，人的本心與本體相離越來越遠，無法與理天相繫，因而流浪於理天所派生的宇宙界中而與生滅循環共亡。因此王氏所強調理天本體的宗教理念，乃基於「無生真宰」人格神的期待作為他立論的根本，人之性靈既源於「無生真宰」，則應返歸本體與之同處，而非脫離本體不知所從，流浪在飄渺的他界空間。因此源理而回復於理是王氏對人之性靈的歸依處的終極理想。

〈大學解〉說：「理天者，乃理性、道心之所自出。」（頁 1）又〈理性釋疑〉說：「一理者，吾人之宗祖。」（頁 134）說明了人的性靈根本源於理天，既然由理天所出則應該返回理天，才能成就永恆而圓滿的生命關懷。是以〈三易探原〉說：「達於理者，爲聖賢之嫡派，此聖人之道，所以不囿五行，超出三界也。」（頁 44）解釋了洞悉本體眞理體認宇宙本源，才是聖人傳道的眞諦。不泥於形象聲色，不拘於有而達於無，體悟「理」的本體眞義。「理」是無形無象的超越本體，派生五行等生物的材料素質，故不爲五行陰陽所侷限，統理三界十方，是至高至上的天界本體。人的性靈由此天界本源而來，是以雖無形無象卻主宰有形的身體形骸，若無本性則人身只不過是一具沒有生命活力的死屍。因此就整個天體而言，理天是一切的本體主宰；就個體小宇宙而言，天賦之性則是一身之主。是故天賦性靈必須回返本源地與理天合體，才可謂居得其所、返得其歸，如此天與人合而一體，人與天共同造設天地的生養循環，成一圓滿不息的生生之道，不生不滅生命永恆的契機。

因此他以爲三教聖人的傳道義理，即在於達本還源回歸本體。所以他在〈一貫探原〉說：「古人所謂三教歸一，萬法歸一者，蓋謂至靜不動天，神妙不測之理。」（頁 81）說明了回歸宇宙本體不受生滅束縛是三教萬法一致的目標，也是修道者追溯本體的永恆。這個永恆說明了「理」既是世界萬物的根本和歸宿，人爲萬物中的靈秀之物，源於理並歸於理，才是生命體現的完善達成。

本於理回歸於理是王覺一對生命體現的最終目標，也是人性自我實現的終極意義。就整體而言，來自源頭返歸源頭本是宇宙萬物循環不息的生化之道，是以回歸本源是宇宙生滅的必然過程。就個體而言，認識本源體現本體，省思天體之德，實踐天賦至善與理天同體同德，散發本然光明，正本溯源，如此則聖人與我同類不分彼此。是以他認爲三教之言本無異，皆以教人達本還源認識理天本體，回返理天故居，此爲人之自我實踐的最高目標與理想體現。是以回歸本源與本體並存，是王氏身爲傳道者對生命朝向絕對、永恆、圓滿的認識，也是他傳道揚法的一貫宗旨。

本章小結

回歸本體、返溯理天是王覺一思想中的主要核心。他不厭其煩地以劫變觀念，修道功果的層次差別，以及聖人、賢人、愚人的區分，說明「明理與

否」的不同。明「理」的聖者，則回歸天體之本並與本體共存，即是「我即天而天即我」，聖人仙佛與我同體，堯舜與我無異，使人性的至善之美達到顛峰，人生的價值目的與主宰不朽，不隨形體物質而更滅。因此理天本體的教義觀念，無非教人回復本然之性，回溯理性道心的終極特質，與理天相通與天體共存，免受宇宙生滅週期的浩劫之災，可知明善復初、洞達本源是王覺一宗教思想的核心。而他在此核心中發展屬於便於廣大庶民修行的方式，使得人人能在認識本體根源的基本前提下正本溯源，回視人性的本來面貌，將此一天心本性與天體主宰相應相契，達到人生的圓滿目標。使宇宙的生→滅→生循環不息的生生之道有其特殊意義，而人在此圓形不滅的系統中，達到與眞理主宰不生不滅的修道目標。

因此正視人性之本，達本正源是王氏教人修道的宗教本意，修煉與仙佛同體，更是他勉勵信仰者的不變信念，也是他與學術界的思想家不同之處。宗教所重視的乃人類原靈的歸往問題，而理天正是原靈的歸根復命的本源之所，也是各宗教所追尋的終極實體及修道者修持的最終目標。因此理天在王氏的思想中透過修煉的精神，回歸本體的修道理念，突顯本體以及人性歸往聖域的終極關懷，作爲修道者的精神圭臬與修煉意旨。因此理天本體的意義在王氏的思想中是宗教的修煉關懷與對天、人同體同德的人性肯定，此爲其理天思想的主要宗旨。

第六章　結　論

　　宗教是人類感情投訴的另一種方式，藉著宗教的慰藉給予情感歸依的處所，表達人類的死後該歸往何處的關懷，其中可看出人對死亡之後的茫然與追求神聖境域的心理作用，因此對神聖領域的追求是各個宗教修行者所追尋的最終目標。

　　中國民間教派的發展雖不容於正統宗教之中，但也在民間默默生根發芽，他們雖則沒有高深而有系統的經典著作，但卻能雜揉三教精華，發展出一套適合眾多百姓所需的教義，並且適合多數人的修行方式，也就是說修道不再是少數人的事，而是人人都可以做到的。因此民間宗教家便發展一套適合在家修行的修道方式，而這種方式多為底層社會的民眾所接納奉行，故其傳播速度也較正統宗教迅速普及。

　　王覺一處於清末民間宗教發展蓬勃的時代，雖然當局者對於民間祕密宗教的信仰採取封鎖圍剿的態度，然而他依然四處傳道，宣揚其理天教義思想。闡述人之本源於理天，故應該回歸理天，返本溯源，認識本來，與宇宙本體共存。返溯人的根源地，此為人生的最終意義，也是三教聖人教義宣導的核心思想，由此可見其乃就宇宙本體談論人的本體，並且以人之性靈回歸本體為修道的終極目標。因此本於理天回返理天，可說是王氏傳道的宗旨也是其教義理念的中心思想。而此一宗教思想至今仍然深深影響一貫道的信仰核心，是以本研究的結論乃欲就王覺一的傳道身分與民間宗教教義的檢討做一總結，並且就王氏對今日臺灣一貫教義的影響稍作探討，以及對「王覺一」的主題研究所延伸的未來研究展望作一分析，做為本論文的結論。

第一節　王覺一及理天主題所作的結果分析

　　王覺一是清末民間教派中極具特色的宗教家，他以獨具的宗教異相似及天啓的仙佛顯聖創立「末後一著教」，而且傳道區域遍佈大江南北，在當時可說是組織嚴密信徒極廣的民間教派，並且引起清廷的矚目與圍剿，最後雖然被清廷一時鎮壓，然而其教派的生命力並未因此而消失，依舊以祕密傳教的方式擴展開衍，故其教義思想與修道理念於今仍然可見，由此可見王氏所傳的教派與一般民間信仰迥異之處。他不是漫無目的地聚眾收徒，而是有強烈的救世使命與宗教熱誠，因此一系列的著作闡釋，無非欲人回溯天賦善性進而與理天同體，達到不生不滅，不受宇宙週期的浩劫毀滅。是以回復本心與天體同德，可說是他立教傳道的最終目標。因此就王覺一與理天思想的主題研究，本論文擬提供幾個層面的思考與建議。

一、還原民間宗教家的傳道角色

　　近年來對於民間宗教的研究漸多，也大有斬獲。然而泰半對於民間宗教者的身分角色與評論，多採正史記載與歷代奏摺檔案等資料，故多賦予負面評價。或稱之謀反叛亂，或灌以斂財聚眾之名，鮮有回復宗教者的角色而給予應有的定位。

　　關於民間宗教的傳道者應如何賦予適當的角色與定位，實在值得研究者深思，正史與檔案奏摺皆屬於官方資料，因此對於民間宗教家的評斷並不客觀，是以如何運用原始史料，篩選使用可靠的的資料，實為研究民間宗教者的一大考驗與責任。

　　然而亦不可以一味地肯定民間宗教者的傳道身分，其中藉傳教之名而斂財叛亂者亦大有人在。但是關於本論文所研究的主角王覺一而言，則應還原其傳道者的身分並給予應有的重視，因為他的著作中絲毫未有謀反的跡象，而是苦口婆心勸人認識天賦本性，回歸本有的善心理性。由宇宙本體的角度切入人性的天賦本質，是故人人與天同體，因此他以回歸本體，回溯人性根源作為他傳道的宗旨，並且做為信仰者的修煉目標。是故其著作中都是就宗教人如何修煉以回溯本源為主，而清廷《月摺檔》的奏摺顯示，所查獲末後一著教的信徒裡，亦未有任何叛亂謀反的行跡。因此王覺一的傳道角色應予以還原與肯定，回歸他身為宗教人的傳教身分，此為本論文對於王覺一傳道立教的志業給予肯定與讚揚之處。

二、研究民間教派應重視其教義所闡揚的思想理念

　　一個教派是否能流傳後世，全在於其宗教理念是否能為多數人接受，以及是否有系統的教義思想。或因民間教派鮮有系統的著作流傳，或為朝廷當局所焚毀，故流傳後世者並不多見。今日得以見到前代所傳播宗教的軌跡，全賴其流衍支派的傳承及教義著作的傳世。因此今日能夠看到往昔教派的經典著作實屬不易，彌足珍貴。

　　因此若有幸得到這些可貴的民間教派之教義著作，應多由了解其中所詮釋的義蘊，並嘗試了解其教義所欲闡發的理念為何？其實質內涵為何？其所欲宣揚的宗教精神為何？研究者應以理解其教義的態度從事探討，才能一窺堂奧，了解其精神內蘊。

　　民間宗教家的傳道對象大部分為基層社會的廣眾庶民，因此其教義著重日用人倫，宣導未來神聖領域的可追求性，是以傳道者並不需要以深奧艱澀的思想傳播教義，而是以較能為百姓接受的方式從事宗教理念的宣揚。因此他們對傳統思想的接受並不局限於一家之言，而是擷取其所需要的文句，雜陳多家思想，用以解釋其所傳述理念的可靠性。因此對民間教派的教義理解亦應循此一角度探察，而不能局限於傳統思想的研究態度看待民間宗教家，或以嚴謹的角度批評民間教派的著作，因此研究者若不打破傳統思想的嚴謹態度看待民間教派之著作，則將會劃地自限，苦思而無得。

　　王覺一為了說明理天為本體的真實存在，雜引多家之說加以證明，他對諸多學說之用，並非全盤接受或否定，只要能夠藉以闡述理天本體者，則直接援用以解釋其所宣揚的宗教理念。因此若欲了解王氏的宗教思想，必須由其所傳導的信仰核心著手，試圖理解其精神宗旨之所在，認識他所謂的「理天」本體對於修道者的意義為何？王氏是一位宗教家，而不是理學家、思想家，因此他所重視的在於如何教人回溯人性本來的根源地，如何認識本體與宇宙主宰共生共存，達到真正天人合一的完善境界。使得人的生命朝邁完整、理想而圓滿的自我實現，也使得修道者對於終極實體之神聖領域的追求，能夠在認識自我本來與宇宙主體之後，更加精進不懈，進而實現人生永恆的目標。因此王氏所宣揚的宗教思想乃是落實自我體認、自我實踐，達到與本體共存而不受宇宙循環週期及劫運所毀滅，此一宗教精神與對人性本源的認知，乃是世界各大宗教共同追求的真理實現。因此對於王覺一的認識與了解，必須深入其教義思想探討他所闡述的宗教理念，方能以客觀的角度認識民間宗教家，給予其人以及其教

派正確的歷史定位，也是研究民間教派應有的態度。因此研究民間教派應由了解其教義思想與傳道精神宗旨入手，探究其信仰的核心目標，如此才可謂真正理解民間教派的信仰，否則將只是偏執一方，不夠全面與客觀。

三、理天主題所呈現的意義

王覺一在理學思潮的啟蒙中得啟示，以「理」為宇宙的本源與第一存在，並以「理天」做為人生終極目標的歸依處。人之本源於理天故應回歸理天，實現人生完善圓滿的理想。

王氏將天體分為三界：理天、氣天、象天。理天是這三界的主宰，主持宇宙生滅的週期循環，掌控宇宙每一次的生滅終始。祂為萬有的創始者，天地的主人，若無理的存在則宇宙天地離析無序，不成世界。因此理的作用使一切萬類各循其道而不致失常，各循其軌道規則而生長化育，天地運轉有時，星斗運行有序，都是因為理的主導。

就宗教修煉的認知而言，王氏將人的定位與天同體。他認為人之本然性靈源於理天同體，與造物主「無生真宰」同處一天體時空。因此未落陰陽五行時的本來面貌乃與理天相應，無生無滅，無始無終，至善光明，無有不善。他乃就人與天同性同質的根源談論人性，是以肯定人性的至善光明的一面。然而之所以有惡的因素，則因為人降生後，落入陰陽五行之內，受到氣稟物慾的牽累，忘卻與本體同理的自性光明，因而流浪生死成為輪迴肉體的形骸之身。因此他乃就三界天體談論人的性質，亦即人與天是息息相關，無分彼此，而不是將天放在至高不可親近的地位，乃是就天言人，就人論天。因此人性本善乃源於天之本體，與本體同性；人之惡亦導源於天，乃為動力生成之天——氣天、象天，而非本來之天，此天將隨宇宙週期而終始，隨著生滅循環而不斷地轉論；故這兩個天界只是一個短暫的空間，而非永恆的時空，隨生滅而終始。是以若沾染此天之氣息，將會呈現此天的習性；若修此天之功果，則隨此天而滅亡，不能恆久不朽。因此他乃就宇宙本體談論人性的本源與內具性質，就宇宙生成的動源探討人性中具有惡的質素的因果，皆就天而論人，形成一天人循環的相依模式。

然而在此天人同體的人性論中，他主要的目的在於呼籲人人回歸本來至善天性，回返不受氣稟干擾，不受物慾污染的理天之性。因此他強調回溯理天本源的重要性，說明人人皆是堯舜的天性本質，是以三教聖人的心心相受

之法即在於教人認識自我本來，乃就個體的本我尋求回返宇宙本體的性理心法，而非向外求法。職是之故，他認為修道必須就三教的心法入門，必須認識三教聖人達本還源的正法修煉，因此尋得明師的指引十分重要，唯有正視本體的修道法才是人生最終的歸依。若無明師指導而墜入左道旁門，不但不能正視本源，反而依舊落入輪迴生死之中，望洋而返，苦修而無得。

因此認識宇宙本體，回返本來自性，使得天賦之性脫離肉體的牽絆，回歸無極理天與理天真宰共同主持天地的造設化育，實是王覺一所提出的理天聖域的中心思想。是故理天對於修道者而言，即是聖賢仙佛於經典中所顯示的人生最終的天堂，亦即學術界所說的終極實體、終極關懷，也是宗教勸人修持以回返上帝懷抱的神聖境域。是以理天主題所顯示者，在於人人天賦而有的至善本性與回歸宇宙本體的終極目標。在此目標中如何體現自我的真實主宰，並與天體主宰相契相應，返溯人的根源，脫免輪迴與躲避浩劫之災，是王氏傳道渡人的主要目的。

本論文對於王氏與其教義思想的研究，可知他是以一位擁有天命、救人渡劫之救世主身分闡述回歸本體之道。而在闡釋本體之道時，他以三教的精華作為其佐證理天本體的真實存有，並以回歸理天之性為三教共同的傳教宗旨。因此體認自我本體的至善本來，回返理天與無生真宰共處，回歸原來不生不滅的時空，可謂王覺一宗教思想的最終理想與關懷。

第二節 王覺一的思想對一貫道教義的影響

理、氣、象的循環宇宙論是王氏思想的主要核心，藉此說明整個宇宙世界的形成與終始生滅，以及以理天為本體主宰，人性本於理天，回歸理天的天人合一、相依的信仰理念。故在其著作中理天本體的信仰理念可說是王氏宗教思想的主幹。

王氏所傳的末後一著教隨其逃亡而隱沒，其中雖有流衍支派，卻因史料闕如而湮沒不彰。唯有一貫道因領導者的信念與愿力，以及其教義多以闡揚儒家倫理五常為宗旨，承續中國傳統的倫理觀念，〔註1〕廣為一般人所接受。尤其在修行上採取全家共修的方式，不必出家修道，符合中國傳統家族社會

────────────

〔註 1〕宋光宇：《天道鉤沉》，頁 243。宋光宇於該書解釋「一貫道是什麼」時認為，一貫道是以發揚傳統文化和道德倫理為職志的教派。

的倫理綱常,故傳播甚廣,成爲近代民間宗教一支發展迅速,傳道區域遠及世界各地的教派。

王覺一被一貫道尊奉爲第十五代祖師,故就現存史料而言,一貫道可說是末後一著教的嫡傳。而今在一貫道的道場中,王氏當時所宣揚的理天思想至今仍然是一貫道教義思想的主軸。中華民間一貫道總會主編的《一貫道簡介》敘述一貫道教義時,首揭「理氣象三天論」的思想,其言:

> 宇宙間不外理、氣、象三者。理無形無象,至虛至靈,爲天地萬物之根源……氣者,係屬太極,氣天也,爲無極理天所化……象者象天也,爲太極氣天所化,即形形色色有實質可見的世界,在天爲日月星辰,在地爲山川動植。故,理爲主宰,氣司流行運化,象係形象,乃顯示也。(頁 9〜10)

關於理、氣、象的宇宙論,一貫道完全紹承王覺一的思想,以理爲主宰,氣爲生成動力,象是現象界形色聲聞的存在,並沒有跳脫王氏的思想理念而有所創新發明。而在一貫道道場通行的書籍,由署名濟公活佛所纂述的《一貫道疑問解答》〔註2〕解釋「何謂理氣象三天」時說:

> 理天,就是眞空。沒有形色,沒有聲臭,只是一團虛靈。潛的時候,至虛至靈,寂然不動,大無不包;現的時候,至神至靈,感而遂通,無微不入。雖是沒有形色,而能生育形形色色;雖是視之弗見,聽之弗聞,卻是體物不遺。沒有生他的,他也不死不滅,他是永遠靈明,永遠存在,並且永作萬類的根本。無論氣體物體,都沒有脫離他的可能。萬物存在,他固然生存,萬物消滅,他依然存在。心經上說『不垢不淨 不增不減』那就是說他的本體。`(頁 24〜25)

對於氣天的描述說:

> 氣天,宇宙間的氣體。普通也稱爲天,因爲氣體輕清的是天重濁的是地,輕清屬陽,重濁屬陰,陰陽對待,即稱爲乾坤。乾爲天,坤爲地,我們嘗說『天地萬物』這個天就是氣天。如果沒有這個天,

---

〔註2〕《一貫道疑問解答》乃於民國26(1937年)年由郭廷棟等人與署名共同合著濟公活佛,對於一貫道道場內較常發生的疑問作一簡答。民77年夢湖以此書爲底本作注解小註,改編名爲《性理釋疑小註》,現在於一貫道道場中廣爲流傳。

> 而地也不能支持，人物也不能生長，日明星辰也不能懸掛，並且一
> 切有形色的物件，都不能存在。所以他的功用，就是流行升降，默
> 運四時，終始萬物。（頁 25）

敘述象天時說：

> 象天，就是形形色色，有實質可見的一界。在天日月星辰，在地山
> 川動植礦，換句話說，凡有形體的物件，無論有情無情，都是屬於
> 象天。（頁 25）

由一貫道書籍對於理、氣、象三天宇宙論的詮釋，可以清楚了解其教義理念完全是承襲王覺一的思想。理天是本體，無形象聲臭，至虛至靈，永遠存在，雖然寂然不動卻能感通萬物，為宇宙的根本萬類的主宰。

對於氣天的描述則更具體化。王氏對於氣天的流行運作的形容是「上通斗牛，下通大地，中通人物」（〈一貫探原〉，頁 81）說明氣的作用環繞整個星河大地之間，無所不在。而一貫道則將仰視可觀的天稱為氣天，包含了大地萬類一切氣化流行之物。氣的流行作用貫穿萬物，因此舉凡日月星斗、山川大地俱是氣天的領域，因為氣化，而生成萬物。因此氣天維持了現象界行之有序的無形力量，是以氣天界的流行升降，主持著四時寒暑更迭，事物的生亡。象天則為一切有形聲臭的物件，舉凡有形象者，皆為象天的領域。因此理天是主體，派生氣天，氣天是宇宙萬類的生成動力，派生象天。此一理氣象三天論的思想與王氏相類，並沒有出現新意。

由此可知一貫道亦認為象倚氣而生，氣則為無極理天所化，無理則氣不能行，氣不行則萬類不生，因此才說「生的時候，先由理生氣，再由氣生象；壞的時候，象壞得快，氣次之，理沒有壞」（頁 26）。因此理天為主宰、是本體，與王覺一的思想並無差別。唯一不同者，王氏以「道」稱「理」，二者雖無差異但他多以「理」稱之。而一貫道則多稱「道」，以「道」為一切的本源，雖然他們也稱「理即道」，〔註3〕但多以「道」為代稱，鮮稱為「理」，故一貫道又稱為「天道」。「道」與「理」只是稱呼上的不同，然而其意義所指，實為一物，並無差別。

王覺一承襲程、朱理的思想，以「理」為宇宙本體，在此基本認知中擴展

〔註3〕《一貫道簡介》，頁 12。關於一貫道對「道」的詮釋，可參考該書「壹‧一貫道的意義」。

其宗教理念,將「理」轉化爲具有信仰意義的觀念,並由此而開展「理天」的本體思想。人由理天而來,故天賦具有與理天同質之至善無惡的本能,因此必須回歸理天才可謂宗教的修煉所言「歸根認祖」,正溯理天本性回返理天本源,乃爲王氏教義思想的重心。此一宗教信念後爲一貫道所傳承。一貫道亦以理天爲本體根源,故其教人修道不執於形象,不泥於氣,而重視認識自我的本然天性,修持與生具有的天性道心,以回歸理天本體爲修道的主要宗旨。此與王覺一的信仰理念完全相通,也可由此而知王氏著作對日後民間教派的影響。

第三節 「王覺一」主題所開展的未來研究展望

王覺一思想上承程、朱理學,轉化成爲其宗教理念的核心信仰,下開一貫道教義思想的主旨。他的宗教理念傳衍至今百餘年而未稍退,依然影響今日民間信仰的修道信念,所以他在近代民間宗教史上的地位實不容忽視。因此王覺一及《理數合解》理天之研究,只是開啓了王氏本人的研究,屬於點的研究。若以王氏作爲起點,則擴展至面的研究可有下列幾個思考方向:

一、王覺一宗教思想研究

王氏的著作甚鉅,除竹坡居士擷集成冊的《理數合解》,尚有《歷年易理》、《談眞傳》、《三教圓通》、《祖師四十八訓》等,吾人可以從其眾多著作中對其宗教思想作一全面的探討與研究。

我國對於宗教思想的研展,多重其歷史背景與文獻資料的探討,鮮少由宗教的神學觀念建立宗教的傳道、救世、修煉的神學系統。故研究民間宗教者雖眾,然若欲由其中建立一套合理的宗教神學體系卻猶有未逮。因此藉由民間宗教家的著作,探討深入民間文化的信仰理念並從中研討民間教派的系統體系,對於民間教派的教義形成與及其雜揉三教的引申義、再詮釋的敘述方法可做再深入了解。因此對於王氏之宗教思想作全面的整理分析,必能對清末眾多民間教派的發展,以及信仰體系的建立與教義信念的形成,能有更多的釐清與理解。

西方國家對於宗教神學的研究頗有成果,並且建立一套極爲合理的神學理論談論宗教義蘊。因此若參考西方學者對於宗教理論的建構方式,省思我國民間宗教的特質,依此尋求、建立合理的信仰神學理論,相信對我國民間宗教的信仰體系與理論必能建立一套合理的架構,有助於對民間教派的教義

與信仰做一較深入的認識與理解。

　　一教派之所以能夠流傳後世，必有其獨門的傳道信念與對「神」本體的詮釋角度。王覺一所傳授的宗教思想，至念仍影響一貫道的修持理念，可見其宗教思想的特殊與能為多數人所接受的修持方式。因此若能參考西方神學系統的建立架構，研究王覺一宗教思想的體系，相信對於我國民間宗教思想之教義架構（或神學體系）的建立，必有斬獲及肯定的價值。

二、一貫道宗教思想研究

　　一貫道在近代民間宗教史上是一個毀譽參半的民間宗教團體。由於其祕密傳道的方式，引起不少學者欲探其究竟的興趣，然而研究範圍只停留於人類學與社會學的調查報告。如何穎怡《一貫道信徒謀介使用及媒介認知之研究》（政大新聞所，民國 72 碩論）、宋師光宇《天道鉤沈》、林榮澤《臺灣民間宗教之研究——一貫道「發一靈隱」的個案分析》（臺大三民主義研究所，民國 82 碩論）；就文獻溯源一貫道的源流者，如林萬傳《先天道研究》、蘇鳴東《天道的辨正與真理》、鄭志明《先天道與一貫道》以及中國大陸學者馬西沙、韓秉方合著《中國民間宗教史》第十八章〈一貫道的源流與變遷〉等，都嘗試為一貫道的淵源與迭變作一合理的解釋。然而對一貫道的思想教義則付諸闕如，乏人問津。面對一個爭議性大，而教義思想却乏人研究的民間教派，實為學術界研究民間宗教者的一大遺憾。

　　根據本論文的研探，一貫道是王覺一所傳末後一著教的嫡傳，曾經傳遍中國各省，轟動一時，至今是臺灣信徒最廣的民間教派，足跡遍及世界各地，因此在近代民間宗教史上占有一席之地，不可等閒視之。

　　然而對於一貫道教義思想的研究應始於王覺一，王氏是真正影響一貫道宗教理念的主導者。因此若只研究王覺一而無視於一貫道的發展，則不能洞悉民間教派的發展流衍；若只研究一貫道而不知溯源王覺一的宗教思想，則沒有終始探源，不識根本。因此一貫道的宗教思想的研究，可說是對王覺一宗教思想研究的必要延展，就民間宗教的研究而言，頗具價值與意義。

三、理學對明清民間宗教教義思想影響之研究

　　理學曾在宋明清三朝學術思想界發生重大影響，直至西潮東進，傳統文化受重挫衝擊與全面檢討，在抵擋不住西風文明科技的實用主義之下，理學

在學界的生命也隨朝政的更迭。尤其經歷戊戌變法與辛亥革命之革新派與革命派的嚴厲批判，理學在思想界的地位也隨之動搖與衰退。〔註4〕

藉由對王覺一《理數合解》的研究，可以清楚的認識到理學雖在思想界衰退，然而其生命卻在民間宗教家的吸收下滋養生根。民間宗教者的實踐精神，落實了理學家的生命實踐。至今學界對於理學的研究，多徘徊於宋明清的思想研究，因此目前對於理學的研究雖汗牛充棟，但仍局限於知識份子的領域研討，鮮少注意理學生命雖在清末的思想界動搖，但是理學的精神卻被民間宗教的傳道者所吸收，開啓理學精神的另一層面。

一般而言，理學區分爲程朱與陸王兩派，他們雖在思想界風起雲湧，影響甚鉅，而在千餘年間兩派的盛衰顯隱宛若波浪一般，或有是朱非陸，或有是陸非朱，或作朱陸之調停，鮮有定論。

理學兩派在思想界皆欲爭正統之位，是故兩派爭論不休。然而他們的精神理念卻延伸於民間，爲民間宗教者所吸收接納。因此學術界上兩派雖口誅筆伐，然而民間宗教卻由此而得以吸收精華做爲傳教之用。是以千百年來理學思想不僅在學術界上占有主導地位，在民間文化上也扮演化民成俗的教育地位。只是目前研究者只重視思想界的理學發展，忽略了理學在民間的影響力。因此若能由民間教派的教義理念正視理學對於民間宗教教義影響之研究，相信無論對理學研究的延伸或民間教派的教義思想擴展研究，皆有正面的價值與前瞻性。

《理數合解》的研究只是開啓理學家對民間教派影響之始，若能全面檢索理學與明清宗教發展的互動關係，相信對於民間教派的教義精神，能更有系統地清晰掌握。

王覺一的研究只是開啓清末民間教派教義研究的一個主題型態的討論，因此若能延展此一主題開拓更深入的溯源或傳承性的教義思想探討，相信未來在民間宗教的研究領域中，不僅能夠溯其源流，理解其發展的歷史脈絡，更能深究其信仰的核心精神，爲民間教派久被忽視的教義思想問題，作一全面、客觀的了解與考察。如此則更能理解民間文化的發展軌跡，並爲民間教派作一合理性的分析，使得對於民間宗教的研究能夠更貼切，更符合民眾的信仰精神，並且更深入民眾對於終極實體的追尋，對於民間教派的認識與研究方能登堂入室，一覽其堂奧，如此則王覺一的主題研究才足以見其意義與價值。

〔註4〕史革新：《晚清理學研究》第五章〈外來思想衝擊下的晚清理學〉，頁163～200。

結 語

明清的民間宗教大多結合三教教義配合劫變的思想，宣揚末劫時期的來臨，因此各教派都以救世主的姿態登高一呼，立教傳道，開劫渡人，解救原靈脫離末劫來臨時的苦難。而此一末劫信仰在中國流傳數百年，至今仍在民間教派中流傳不息。

雖然末劫觀念在明清時代廣爲流行，然而數百種教門中卻鮮有理論系統的著作傳世。其中可能是民間教派口耳相傳的特性，而無專門論著；或許該派沒落而失傳；也可能被政府當局所焚毀而絕版。

因此王覺一在民間信仰的重要性，因其有專門著作流傳後代，也因爲他提出一套專門的修持理念足以做爲民間信仰者的依據。因此他廣泛影響清末至民國的民間教派，更直接影響到一貫道。

由於清末的民間教派極少專門的經典著作，但是各教派間的信仰核心卻是可以互通，因此當有一論著與他們的信仰有關，並且可以做爲教義上的佐證，各教派間即吸收此一著作精華，做爲傳道立教的依據。所以當王氏將末劫思想明確地筆諸於文字，並且理論性地談論末劫的週期循環以及人之原靈返歸宇宙本體的信仰宗旨時，此一思想極易被清末、民國時期的民間教派接納吸收。今日文獻可見一貫道、同善社、悟善社、道院（即世界紅卍字會）等，即是以末劫信仰爲其信仰的核心，甚至由中國流傳至馬來西亞、新加坡等地的德教也有類似的信仰。〔註5〕因此王覺一的宗教思想雖影響一貫道的教義理念甚深，然而他將明清民間教派的末劫思想有系統理論化的筆諸於書，傳授信徒閱讀並且印刷流傳，此一「末劫信仰」的專門著作對於清末其他民間教派的影響，也是值得研究民間宗教者省思之處，如此才能將民間宗教的研究置於客觀而寬廣的時空之中，使對民間宗教的發展有更宏觀的理解與認識。

〔註 5〕（馬）陳志明著、蘇慶華譯：《馬新德教會之發展及其分佈研究》（馬來西亞：代理員文摘，1991），頁 17。

參考書目

（說明：一、二、三類屬於古籍的原典運用，四、五、六類則爲民國成立後著作，皆以名字首字筆畫多寡作爲排列順序。）

一、版本類

1. 王覺一：《理數合解》（上海崇華堂版）（臺北：三揚企業，1979 年）。
2. 王覺一：《理數合解》（台中崇華堂版）（臺北：大興，1992 年）。
3. 王覺一：《理數合解淺註》（臺北：三德書局，1993 年）。
4. 王覺一：《北海老人全書》（臺北：正一善書出版社，1991 年）。

二、經籍類

1. 王弼，韓康伯注：《十三經注疏本・周易尚書》（臺北：藝文印書館，1993年）。
2. 王陽明：《傳習錄》（臺南：籲巨書局，1986 年）。
3. 朱熹：《河南程氏遺書》（臺北：臺灣商務印書館，1965 年）。
4. 朱熹：《朱子七經語類》（上海：上海古籍出版社，1992 年）。
5. 朱熹：《朱子四書語類》（上海：上海古籍出版社，1992 年）。
6. 朱熹：《朱子性理語類》（上海：上海古籍出版社，1992 年）。
7. 朱熹：《朱文公文集》（上海：上海古籍出版社，2002 年）。
8. 朱熹，《四書集註》（臺北：鵝湖出版社，1984 年）。
9. 宋光宇（編）：《龍華寶經》（臺北：元祐出版社，1985 年）。
10. 宋常星（註解）：《道德經講義》（臺北：三揚企業，不著年代）。
11. 何晏（集解）、邢昺（疏）：《十三經注疏本・論語》（臺北：藝文印書館，1993 年）。

12. 岑溢成：《大學義理疏解》（臺北：鵝湖出版社，1986 年）。

13. 周敦頤（撰）、董榕（輯）：《周子全》書（臺北，廣學社，1975 年）。

14. 邵雍：《皇極經世書》（臺北：臺灣中華書局，1966 年）。

15. 傅金銓著（清）、蕭天石（編選）：《證道一貫真機》（臺北：自由出版社，1984 年）。

16. 黃宗羲：《宋元學案》（臺北：華世書局，1987 年）。

17. 黃宗羲：《明儒學案》（臺北：里仁書局，1987 年）。

18. 程頤、程顥：《二程全書》（臺北：臺灣中華書局，1966 年）。

19. 趙歧（注）、孫奭（疏）：《十三經注疏本‧孟子》（臺北：藝文印書館，1993 年）。

20. 趙順孫：《四書纂疏》（臺北：文史哲出版社，1986 年）。

21. 楊祖漢：《中庸義理疏解》（臺北：鵝湖出版社，1986 年）。

22. 錢穆：《四書釋義》（臺北：學生書局，1990 年）。

23. 瀧川龜太郎：《史記會注考證》（臺北：洪氏出版社，1986 年）。

24. 佚名：《正統道藏》（臺北：中文出版社）。

三、史料類

1. 王戎笙等著：《清代全史》（遼寧：遼寧人民出版社，1991 年）。

2. 左宗棠：《左文襄公全集》（臺北：文海出版社，1964 年）。

3. 沈雲龍：《大清律例會通新纂》（臺北：文海出版社，1987 年）。

4. 沈雲龍：《劉忠誠公（坤一）遺集－奏疏》（臺北：文海出版社，1975 年）。

5. 沈雲龍：《近代中國史科叢刊第》，第二十六輯（臺北：文海出版社，1965 年）。

6. 徐本編纂，《大清律列——文淵閣四庫全書第 672 冊》（臺北：臺灣商務印書館）。

7. 徐珂：《清稗類鈔》（臺北：臺灣商務印書館，1983 年）。

8. 國史管主編：《清史稿》（臺北：臺灣商務印書館，1999 年）。

9. 崑剛等撰：《欽定大清會典》（臺北：新文豐出版，1976 年）。

10. 崑剛等撰：《欽定大清會典事例》（臺北：新文豐出版，1976 年）。

11. 曾國荃：《曾忠襄公全集》（臺北：成文出版社，1969 年）。

12. 薛允升等編：《刑案匯覽續編》（臺北：文海出版社，1970 年）。

13. （清）月摺檔：《臺灣故宮博物院圖書館申報》（臺北：臺灣中華書局彙編）。

14. 史系：《辛亥革命前十年間民變檔案史料（上、下）》（北京：中華書局，

1985 年）。

四、宗教類

1. 王治心：《中國宗教思想史》（臺北：彙文堂出版社，1988 年）。

2. 中華民國一貫道總會（主編）：《一貫道簡介》（臺南：靝巨出版社，1988 年）。

3. 行者：《一貫道》（臺北：正一善書出版社）。

4. 吉崗義豐（日）：《中國民間宗教概說》（臺北：華宇出版社，1985 年）。

5. 呂大吉：《宗教學通論新編》（北京：中華社會科學出版社，1998 年）。

6. 佚名：《道統寶鑑》（臺北：正一善書出版社）。

7. 李世瑜：《現在華北祕密宗教》（臺北：古亭書局，1948 年）。

8. 宗光宇：《天道鈎沉》（臺北：元祐出版社，1984 年）。

9. 李亦園：《信仰與文化》（臺北：華藝數位經銷，2010 年）。

10. 余英時：《中國宗教倫理與商人精神》（臺北：聯經出版社，2004 年）。

11. 杜曾瑞（LOUIS DUPRE）、傅佩榮（譯）：《人的宗教向度》（臺北：立緒，2006 年）。

12. 李富華、馮佐哲：《中國民間宗教史》（臺北：文津出版社，1994 年）。

13. 拉徒萊（著）、王秀谷（譯）：《神學——得救的學問》（臺北：光啟出版社，1992 年）。

14. 林萬傳：《先天道研究》（臺南：靝巨出版社，1986 年）。

15. 周燮藩：《中國宗教蹤覽》（江蘇：江蘇文藝出版社，1992 年）。

16. 約翰‧麥奎利（英）、鍾慶（譯）：《神學的語言與邏輯》（四川：四川人民出版社，1992 年）。

17. 馬西沙、韓秉方譯：《中國民間宗教史》（上海：上海人民出版社，1992 年）。

18. 楊慶（著）、段國昌（譯）：《中國.、思想與制度論集》（台北：聯經出版社，1976 年）。

19. 淺井紀（日）：《明清時代宗教結社》（東京：研文出版社，1990 年）。

20. 郭廷棟（編）：《一貫道疑問解答》（臺北：大興，1987 年）。

21. 陳志明著、蘇慶華譯：《馬新德教會之發展及其分佈研究》，（馬來西亞：代理員文摘公司，1991 年）。

22. 斯朗特（著）、王志遠（主編）：《宗教生活論》（北京：今日中國出版社，1992 年）。

23. 夢湖（編述）：《性理釋疑選讀小註》（嘉義：玉珍書局，1988 年）。

24. 劉易士（H.D.Lewis）、黃明德（譯）《宗教哲學》（臺南：東南亞神學院協會，1981 年）。

25. 歐大年（美）：《中國民間宗教教派研究》（上海：上海古籍出版社，1993 年）。

26. 戴玄之：《中國祕密宗教與祕密會社》（臺北：臺灣商務出版社，1980 年）。

27. 羅伯特（著）、龔方震等（譯）：《宗教與意識形態》（四川：四川人民出版社，1992 年）。

28. 羅納德・L・約翰斯通（著）、尹今黎、張蕾（譯）：《社會中的宗教》（四川：四川出版社，1991 年）。

29. 蘇鳴東：《天道的辨正與真理》（臺南：靝巨出版社，1983 年）。

30. 蘇鳴東：《天道概論》（臺南：靝巨出版社，1978 年）。

31. 龔道運：《中國宗教論集》（臺北：文史哲出版社，1993 年）。

五、思想類

1. J.P 蒂洛、古平（譯），古平、肖峰等（譯）：《哲學——理論與實踐》（北京：中國人民大學出版社，1989 年）。

2. 小野澤精一等（著）、李慶譯：《氣的思想》（上海：上海人民出版社，1990 年）。

3. 方立夫：《佛教哲學》（臺北：洪葉出版社，1994 年）。

4. 王德有：《道旨論》（濟南：齊魯書社，1989 年）。

5. 史革新：《晚清理學研究》（臺北：文津出版社，1994 年）。

6. 牟宗三：《中國哲學的特質》（臺北：學生書局，1990 年）。

7. 牟宗三：《心體與性體》（臺北：正中書局，1968 年）。

8. 李杜：《中西哲學思想中的天道與上帝》（臺北：聯經出版社，1987 年）。

9. 李杜：《中國古代天道思想論》（臺北：藍燈文化出版，1992 年）。

10. 余英時：《內在超越之路》（北京：中國廣播電視出版社，1993 年）。

11. 余英時：《史學與傳統》（臺北：時報出版，1982 年）。

12. 杜維明：《儒家傳統的現代轉化》（北京：中國廣播電視出版社，1992 年）。

13. 李澤厚：《中國古代思想史論》（臺北：三民書局股份有限公司，1996 年）。

14. 侯外盧等著：《宋明理學史》（北京：人民出版社，1987 年）。

15. 姜國柱：《論人・人性》（河北：海洋出版社，1988 年）。

16. 姜廣輝：《理學與中國文化》（上海：上海人民出版社，1995 年）。

17. 高全喜：《理心之間》（北京：三聯書社，2008 年）。

18. 唐君毅：《中國哲學原論（原性篇）》（臺北：學生書局，1992 年）。

19. 唐君毅：《文化意識宇宙的探索》（北京：中國廣播電視出版社，1992 年）。

20. 徐復觀：《中國人性論史》（臺北：臺灣商務出版社，1988 年）。

21. 梁漱溟：《人心與人生》（上海：上海人民，2005 年）。

22. 湯一介：《儒釋道與內在超越問題》（江西：江西人民出版社，1991 年）。

23. 張立文：《中國哲學範疇發展史（天道篇）》（北京：中國人民出版社，1989 年）。

24. 張立文：《宋明理學研究》（北京：中國人民出版社，2002 年）。

25. 張立文：《宋明理學邏輯結構的演化》（臺北：萬卷樓，1993 年）。

26. 張立文：《朱熹思想研究（上、下）》（臺北：谷風出版社，1986 年）。

27. 張立文主編：《理》（北京：中國人民出版社，1991 年）。

28. 張立文主編：《氣》（北京：中國人民出版社，1990 年）。

29. 張立文主編：《道》（北京：中國人民出版社，1989 年）。

30. 湯用彤：《理學、佛學、玄學》（臺北：淑馨出版社，1992 年）。

31. 陳來：《朱子哲學研究》（臺北：文津出版社，2000 年）。

32. 張舜微：《周秦道論發微》（臺北：木鐸出版社，1988 年）。

33. 梅貽寶等著：《中國人的心靈——中國哲學文化要義》（臺北：聯經出版社，1984 年）。

34. 黃公偉：《宋明清理學體系論史》（臺北：幼獅文化，1982 年）。

35. 馮友蘭：《中國哲學史》（臺北：藍燈文化出版，1993 年）。

36. 馮炳奎等著：《宋明理理學研究論集》（臺北：黎明出版社，1989 年）。

37. 傅佩榮：《儒道天論發微》（臺北：學生書局，1985 年）。

38. 程歗：《晚清鄉土意識》（北京：國人民大學出版社，1990 年）。

39. 葛榮晉：《中國哲學範疇導論》（臺北：萬卷樓，1993 年）。

40. 楊儒賓主編：《中國古代思想中的氣論及身體論》（臺北：巨流出版社，1993 年）。

41. 劉述先：《朱子哲學思想的發展與完成》（臺北：學生書局，1995 年）。

42. 蒙培元：《理學的演變》（臺北：文津出版社，1990 年）。

43. 蒙培元：《理學範疇系統研》（北京：人民出版社，1989 年）。

44. 蒙培元：《中國心性論》（臺北：學生書局，1990 年）。

45. 熊琬：《宋代理學與佛學之探討》（臺北：文津出版社，1991 年）。

46. 劉瀚平：《儒家心性與天道》（臺北：基礎文教基金會，1997 年）。

47. 蔡仁厚：《宋明理學（北宋篇、南宋篇）》（臺北：學生書局，1991 年）。

48. 鄧克銘：《宋代理概念之開展》（臺北：文津出版社，1993 年）。

49. 蔣伯潛：《理學纂要》（臺北：正中書局，1978 年）。

50. 盧雪崑：《儒教的心性學與道德形上學》（臺北：文津出版社，1991 年）。

51. 錢穆：《中國思想史》（臺北：學生書局，1990 年）。

52. 錢穆：《中國學術思想史論叢》（臺北：東大出版社，1980 年）。

53. 錢穆：《靈魂與心》（臺北：聯經出版社，1976 年）。

六、期刊論文

1. 王天：〈太極圖標示的哲理初探〉，《中國道教》第 3 期（1988 年 8 月），頁 21～24。

2. 王見川：〈臺灣齋教研究之二：先天道前期史初探──兼論其一貫道的關係〉，《臺北文獻》直字第 108 期（1994 年 4 月），頁 121～167。

3. 王爾敏：〈祕密宗教與祕密社會之生態環境及社會功能〉，《中研院《近代史研究》所集刊》第 10 期（1980 年 7 月），頁 33～59。

4. 王爾敏：〈灤州石佛口王氏族系及其白蓮教信仰傳承〉，《中研院近代史研究所集刊》第 12 期（1983 年 6 月），頁 13～40。

5. 安樂哲（ROGERT.AMES）：〈孔子思想中宗教觀的特色──天人合一〉，《鵝湖》第 9 卷第 108 期（1984 年 6 月），頁 42～48。

6. 成中英：〈易經中的「理」與「氣」──對中國哲學中「有」與「理」的重新考查〉，《幼獅學誌》第 16 卷第 4 期（1982 年），頁 52～71。

7. 朱維煥：〈氣對於生命結構與活動所作詮譯之涵養（一）～（四）〉，《鵝湖》第 135～138 期（1986 年）。

8. 任繼愈：〈唐宋以後的三教合一思潮〉，《世界宗教研究》第 1 期（1984 年），頁 33～42。

9. 李正治：〈中國民國處世思想的探索與批判〉，《鵝湖月刊》135 期（1986 年 9 月），頁 46～50。

10. 宋光宇：〈叛逆與勳爵──先天道在台灣清朝與日據時代的不同際遇〉，《歷史月刊》第 74 期（1994 年 3 月），頁 56～64。

11. 宗光宇：〈試論無生老母信仰的一些特質〉，《中研院史語所集刊》第 52 集（1981 年 9 月），頁 529～590。

12. 呂思勉，〈國史上的宗教〉，《中國史論集》，（1990 年 10 月），頁 269～285。

13. 李豐楙：〈六朝道教度的末世救劫觀〉，沈清松（主編）《末世與希望》（臺北：五南圖書，1999 年）。

14. 吳雁南：〈思孟學派儒家的心性說及其特點〉，《貴州民族學院學報》（社會科學版）第 1 期（1993 年 3 月），頁 57～61。

15. 林安梧：〈論儒家的宗教精神及其成聖之道──不離於生活世界的終極關

懷〉，民國 83 年度〈東方宗教討論會〉會議論文。

16. 林安梧：〈實踐之異化與形上的保存——對於宋代理學與心學的一個哲學解析〉，《聯合文學》第 7 卷第 8 期（1991 年），頁 37～41。

17. 周育民：〈一貫道前期歷史初探——兼談一貫道與義和團關係〉，《近代史研究》第 6 卷第 3 期（1991 年 9 月），頁 83～97。

18. 林國平：〈論三教的形成與演變〉，《世界宗教研究》第 2 期（1987 年 2 月），頁 60～73。

19. 林繼平：〈理學思想之發展其價值評估（上下）〉，《東方雜誌》第 22 卷第 10～11 期（1986 年）。

20. 姜允明：〈從「心體」的形上意義申論宋明心學中天人合一的理論基礎〉，《漢學研究》第 2 卷第 2 期（1984 年 12 月），頁 543～568。

21. 洪美華：〈明末清初祕密宗教思想信仰的流變與特質〉，《明清之際中國文化的轉華與廷續研討仰論文集》（1992 年）。

22. 姜廣輝：〈理學形式的因與緣〉，《孔孟學報》第 65 期（1993 年），頁 123～141。

23. 范麗珠：〈中國民眾宗教意識的社會土壤〉，《天津社會科學學報》第 3 期（1993 年），頁 78～89。

24. 馬西沙：〈略論明清時代民間宗教的兩種發展趨勢〉，《世界宗教研究》（1984 年 6 月），頁 22～33。

25. 張立文：〈中國心性哲學及其演變（上、下）〉，《中國文化月刊》第 164～165 期。

26. 莊吉發：〈「真空家鄉，無生父母」——民間祕密宗教的社會功能〉，《歷史月刊》第 86 期（1995 年 3 月），頁 51。

27. 莊吉發：〈清代民間宗教的寶卷及無生老母信仰（上、下）〉，《大陸雜誌》第 74 卷第 4～5 期（1982 年）。

28. 莊吉發：〈清代民間宗教信仰的社會功能〉，《中央圖書館館刊》第 18 卷、第 2 期（1985 年 3 月號），頁 131～149。

29. 莊吉發：〈清代民間宗教信仰的源流及其社會功能〉，《大陸雜誌》第 82 卷第 2 期（1991 年 2 月），頁 4～13。

30. 莊吉發：〈清代青蓮教的發展〉，《大陸雜誌》第 71 卷第 5 期（1985 年 5 月），頁 11。

31. 莊吉發：〈從院藏檔案談清代祕密宗教盛行的原因〉，《故宮學術季刊》第 1 卷第 1 期（1983 年 7 月），頁 97～115。

32. 陳兵：〈略論全真教的三教合一說〉，《世界宗教研究》（1994 年 1 月）。

33. 陳廷湘：〈理學道德本體的合理性極其侷限〉，《中國文化月刊》第 165 期

（1993 年），頁 50～67。

34. 陳俊民：〈宋明「三教合一」思潮中的「心性」旨趣論稿〉，《鵝湖月刊》
第 172 號（1989 年 10 月），頁 2～10。

35. 陳榮捷：〈宋明理學中的太極觀念〉，《思與言》第 20 卷第 3 期（1982 年
2 月），頁 201～207。

36. 喻松青：〈明清時代民間宗教教派中的女性〉，《南開學報》第 5 期（1982
年），頁 29～33。

37. 喻松青：〈關於明清時期民間宗教研究的幾點意見〉，《清史研究通訊》第
1 期，頁 22～23。

38. 喻松青：〈明清時代民間的宗教信仰和祕密結社〉，《清史研究集》第 1 輯
（1980 年）。

39. 傅佩榮：〈儒家生死觀背後的信仰〉，《哲學與文化》第 21 卷第 7 期（1994
年 7 月），頁 600～607。

40. 項退結：〈中國宗教意識的若干型態——由天命至吉凶之命〉，《孔孟學報》
第 45 期（1972 年），頁 287～312。

41. 項退結：〈對宗教哲學的緒言〉，《哲學與文化》第 11 卷第 3 期，（1984
年），頁 19～26。

42. 項退結：〈宗教與哲學〉，《哲學與文化》第 12 卷第 8 期（1985 年），頁
58～63。

43. 黃開國：〈宋代人性論的源起與發展〉，《四川師範大學學報》（社會科學
版）第 20 卷第 3 期（1993 年）。

44. 彭耀、李成棟：〈中國封建社會中宗教與王權政治的關係〉，《世界宗教研
究》第 3 期（1993 年），頁 50～58。

45. 楊國榮：〈人格境界與成人之道——理學的人格理論及其內蘊〉，《孔孟月
刊》第 31 卷第 10 期（1993 年 6 月），頁 14～21。

46. 劉國梁、盧賢祥：〈試論道教對宋代理學宇宙生成論的影響〉，《世界宗教
研究》第 4 期（1987 年），頁 57～66。

47. 盧賢祥：〈試論道教對宋代理学宇宙生成論的影響〉，《世界宗教研究》第
4 期（1987 年），頁 57～66。

48. 錢穆：〈道與理〉，《故宮學術季刊》第 1 卷第 1 期（1983 年），頁 1～9。

49. 鍾雲鶯：〈清代的禁教律例〉，《歷史月刊》第 86 期（1995 年 3 月），頁
81～83。

50. 羅光：〈儒釋道所形成的中華民族宗教信仰〉，《神學論集》第 6 期（1970
年），頁 529～538。

附錄一：清末「末後一著教」王覺一《大學解》之「學天」思維與人性論

摘　要

　　本文乃探討清末「末後一著教」教主王覺一《大學解》的學天思維與人性論，《大學解》是典型以宗教修行觀點解釋《大學》的作品，王氏乃在主流儒學的影響中，轉化儒家思想，開創他的教義思想，呈現儒家經典被多元詮釋的面向。

　　王覺一以「學天」思想解釋「大學」一詞。他將天分成理、氣、象三界，理天是本體，宇宙萬物之本源，故而王氏一再強調，學者所要學的乃是「理天」之道，並在宇宙論的基礎上討論人性論，說明人之不善與惡的因由。

　　從王覺一對《大學》的解釋，可以發現，他對主流儒學的吸收是選擇性的，如同他的理氣思想雖恪守朱熹的說法，並將之宗教化，發展成理／氣／象三界的空間結構。但在人性論上，他則較接近朱學改革者羅欽順的道心是性是體，以及王陽明的心性合一的思想。因之，我們可以說，王覺一是典型的理學與心學交融的民間宗教家。

　　王覺一雖說在主流儒學的影響下註解《大學》，但他仍有其中心思想作為其論述的主軸，絕不是只是一味地吸取主流儒學之說，他的核心思想即是「學天」，故而從「大學」一詞之定義，「大人之學」的內容，人性善／不善／惡的問題，都在「學天」的思想中發展開來。

關鍵詞：王覺一、大學解、學天、理天、人性論

一、前　言

　　王覺一（1830？～1884？）又名希孟、養浩，原名學孟，覺一是道號，又號北海老人，是清同治、光緒年間「末後一著教」的創教者，也是當今一貫道道統中的第十五代祖師。〔註1〕王覺一所領導的「末後一著教」，在當時傳遍中國河北、山西、河南、安徽、江西、湖北、四川等地，傳教區域甚廣。

　　有關王氏的傳教活動及其教案發生始末，可參莊吉發教授根據故宮的清廷檔案，考察各教派的發展而寫成的《真空家鄉——清代民間秘密宗教史研究》，〔註2〕中國學者馬西沙、韓秉方依清廷檔案而寫成的《中國民間宗教史》，〔註3〕以及拙撰《王覺一生平及其《理數合解》理天之研究》，都有詳細的描述。

　　王覺一的著作頗多，但在民間社會中最常見的是由竹坡居士蒐集〈大學解〉、〈中庸解〉、〈三易探原〉、〈一貫探原〉、〈理性釋疑〉等書編輯而成的《理數合解》。筆者之前的論著曾探討王氏之《理數合解》中「理天」一詞所呈現的宇宙論與心性論。綜觀王覺一的著作，他的教義思想架構主要乃在《大學解》一書之中，其他四書只是作為補述而已。再者，前著主要乃為一貫道之思想溯源而論證的，較著重於單一教派的教義論述。而本文乃為呈現「主流儒學」在民間社會的影響，民間教派如何轉化儒學思想成為宗教修煉之作，與從經典詮釋的角度看待民間教派的著作，故而與之前之作有極大的不同。

　　王覺一的著作對後來的民間教派有極大的影響，我們除了透過清代檔案的記錄可以了解之外，民初同善社領導人楊毅廷即以「一貫聖經」一詞稱呼王氏的著作，可見他對王覺一的敬佩，〔註4〕藉此可知這本書在清末民初之時，流傳廣泛，可以猜測此書在民間教派中的影響力。

　　本文對《大學解》的研究，將探討王覺一詮釋《大學》的宗教觀點，並且透過解讀《大學》建構自己的信仰體系，使得《大學》成為修行的「宗教

〔註1〕有關王覺一的生平及其所領導「末後一著教」教案之始末，可參拙著：《王覺一生平及其《理數合解》理天之研究》（國立政治大學中國文學系碩士論文，1995 年 5 月）

〔註2〕莊吉發：《真空家鄉——清代民間秘密宗教史研究》（臺北：文史哲出版社，2002 年），頁 354～358。

〔註3〕馬西沙、韓秉方：《中國民間宗教史》（上海：人民出版社，1992 年），頁 1150～1167。

〔註4〕見楊毅廷：《三家合參——毅一子》（臺北：中國子學名著集成編印基金會），頁 21。

經典」。晚清之時，程朱、陽明之學雖屢受批判，[註5]但其影響力猶存，特別是程朱所建立的超越「理」的概念，為民間宗教架構一個超越的、神聖的終極之境的理論依據，民間教派依此而將之宗教詮釋，建立其神聖的聖域；陽明之學則因其後學在民間的廣泛宣導所產生的影響，[註6]以及其說在民間被世俗化與宗教化的現象，[註7]故而庶民社會對陽明之學是較熟悉的，因之，在心性論與工夫上，我們時而可見陽明之學的影響，而王覺一正是吸收、轉化這兩股主流儒學的思想主張，建立屬於「末後一著」教的教義思想。

二、「大學──學天」的思維：「性即理」思想下的解釋

「大學」一詞的意義是什麼？在漢唐之前，彷彿不是個大問題。一般而言，從教育制度上談，所指的是當時教育體制的最高學府「大學」，以及學校中教學內容的層級之分「大學」、「小學」。[註8]若從〈大學〉的內容談，鄭玄、孔穎達則說「以其記博學，可以為政也」[註9]不過，鄭、孔這樣的解釋在歷史上並沒有受到重視，[註10]反而朱熹所說的「大人之學」掌握了思想

[註5] 如乾嘉學者對宋明儒的批判，即依據五經所架構之「經世致用」的意義世界，批判宋明儒所建構之「內聖之學」的意義世界，並以「異端」看待宋明儒者，以儒學「正統」自居。林啟屏：〈「正統」與「異端」〉、〈乾嘉義理學中的「具體實踐」〉，《儒家思想中的具體性思維》（臺北：學生書局，2004年）。

[註6] 陽明學說之所以流傳快速，除了講學活動的盛行，《傳習錄》與古本《大學》的刊印流傳，也是王學在正德、嘉靖年間迅速流傳的重要助力，凸顯了在講學以外，書籍流傳對學說的傳播及其對時人的影響之大。張藝曦：〈明中晚期古本《大學》與《傳習錄》的流傳及影響〉，《漢學研究》第廿四卷第一期(2006年6月)，頁235～268。

[註7] 陽明弟子如王艮（1483～1541）、王畿（1498～1583）之講學對庶民社會所產生的影響，以及在中晚明陽明學的民間化與宗教化，都使得陽明學在民間社會廣泛地被接受，特別是透過講學之宣教活動，加速的儒學宗教化，與陽明學派關係甚密的三一教主林兆恩就是最典型的例子。彭國翔：《良知學的展開──王龍溪與中晚明學者的陽明學》（臺北：學生書局，2003年）。

[註8] 朱熹在〈大學章句序〉描繪三代教育的教學內容即說：「人生八歲，則自王公以下，至於庶人之子弟，皆入小學，而教之以灑掃應對之節，禮樂射御書數之文；及其十有五年，則自天子之元眾子，以至公、卿、大夫、元士之適（嫡）子，與凡民之俊秀，皆入大學，而教之以窮理、正心、修己、治人之道。此又學校之教，大小之節所以分也。」朱熹：《四書章句集註》（臺北：鵝湖出版社，1984年），頁1。

[註9] 《禮記》十三經注疏本（臺北：藝文印書館），頁983。

[註10] 劉又銘教授乃從〈大學〉的思想體系與思想性格論證〈大學〉乃屬於荀學系統，是「政治之書」而非朱熹所說的「性命之書」。見氏著：《大學思想證釋》

史上的解釋權，連反對朱熹學說的陽明，對於《大學》首章的解釋，不免也陷入「大人之學」的思維中解釋「大學」，〔註11〕使得「大學」二字被定義在「大人之學」的範疇中，這種學問，已非見聞之知，而是德性之知：貫穿天道的超越性與道德的實踐性。

落在宗教修行上，「貫穿天道的超越性與道德的實踐性」之學的對象與內容是什麼？這樣的問題，王覺一詮釋《大學》首章時，開門見山解釋「大學之道」的意義，做為全書的開始：

> 大學者，學大也。何謂大？惟天為大。天可學乎？曰，可。一畫開天，伏羲之學天也。觀天之道，執天之行，黃帝之學天也。惟天為大，惟堯則之，帝堯之學天也。惟天之命，於穆不已，文王之德之純，文王之學天也。予欲無言，天何言哉，四時行焉，百物生焉，孔子之學天也。上天之載，無聲無臭，子思之學天也。盡其心者，知其性也，知其性，則知天矣；存其心，養其性，所以事天，此孟子之學天也。天者，性之所自出。性者，人人所固有。性既為人人所固有，則天即為人人所當學。〔註12〕

這段文字我們可以很清楚的看到，王覺一認為，「大學」的實質內容即是「學天」，因此，「天」是「大人之學」的對象。以「天」釋「大」，這是王覺一的創見，而這樣的創見，乃賦予「天」超越的形上義，以及主宰者的神格義，是宇宙的本體，是創造流行的存有，因為，在生民百姓的心中，「天」的神聖性與具有神格化的特性，是宇宙萬物的造物主，故而「天」為「大」。他認為先王聖人所共同學習的對象即是體證「天」的超越性，而先聖先賢之所以精神不朽，即在於他們對「天」的體悟歷程所留給後世的啟發，他們證道的歷程與所陳述的文字雖不同，但他們從「天」之超越存在內化為自我的修持卻是一致的。

王覺一認為先聖先賢學「天」的方法，都是透過觀察天道的運行、造化萬物、周流運轉，以及與天之間無形的感應而來，進而效法天道，將天道精神下貫個人性命之修，再將之發揚於人世之社會制序。故而伏羲之學天，乃

（政治大學中國文學研究所博士論文，1992年7月）。

〔註11〕劉又銘：〈《大學》思想的歷史變遷〉，黃俊傑編：《東亞儒者的四書詮釋》（臺北：臺灣大學出版中心，2005年）。

〔註12〕王覺一：《大學解》，《理數合解（上海崇華堂版）》（臺北縣：正一出版社，不著年代），頁1。底下引王覺一文字皆出自此版本，不再注明。

將天之無形之化轉為有跡之學，開啟人類社會人文精神之始，此說來自《周易.繫辭》；黃帝之學天，則又在觀天道之運行外，將天道的精神，下貫人身修煉，並運用於人世之制度面，也就是改造自身並支配外物，正德、利用、厚生於民，此說來自道教經典《陰符經》；堯之學天，乃感於天之奧妙無為，效法天之造化萬物精神，修德造福於民，此說來自《論語・泰伯》；文王之學天，則以自身之修德感應天道，此時已漸將有跡之學，收攝於個人性命修德所轉化成為巨大的德感能量，呈顯人天之交通，乃藉由「修天之道」，此時之學天，已將天道周流運轉之生機，內化成為與本體不二的至誠生命形態，此說來自《詩經・周頌・維天之命》；孔子之學天，則有感於天造化萬物之德與神妙無方，故由無言感悟天之運行與生養萬物，亦即此時之學天，乃透過自我的生命體證，直接與天貫通，不須要再藉外物（語言文字）體證天之本體，此說乃源自《論語・陽貨》；子思之學天，則直接契入天之本體，從有跡入無為，天道性命已貫通無礙，此說來自《中庸》；至於孟子，則將天道、性命、身體的修煉觀融通為一，〔註13〕使得「心—性—天」一體不二的感通，透過個人之生命光輝而展現。

王覺一描述聖賢學天之道的歷程，由無至有，由有歸無，亦即由本體到現象的觀察、效法，再由現象回歸超越的本體，這樣的個人修煉，以至對社會文化、制度的影響，終極地乃發揚「天」的寂然不動、感而遂通的本體精神，進而回歸本體的聖王「學天」之道，王覺一稱這樣的學道歷程為「大學」。值得我們注意的，王氏論述聖王的「學天」歷程，乃透過經典應證其說，以經典所述強化己說，經典成為為他背書的證明，這樣的論述角度，使得經典逐漸離開原始意義與主流儒學傳統，經典文字成了宗教家證明自己所屬教派修煉法的證明，「以教解經」的經典詮釋，成為民間教派經典詮釋的主要路線。

將「大學」的意義解讀為「學天」，這是王氏站在宗教修煉上的解讀，將「天」神聖化、主宰化，視之為宇宙的本體，並且是「大人之學」的主要對象，而之所以如此詮釋，最主要的目的乃要說明「大人之學」的本質與內容，即是他所說的「天者，性之所自出；性者，人人所固有。性既為人人所固有，則天即為

〔註13〕楊儒賓教授認為，孟子體證盡心、知性、知天的具體表現，乃透過其養氣、養心（志）的身體觀（踐形）而呈現。見氏著：〈論孟子的踐形觀：以持志養氣為中心展開的工夫論面相〉，《儒家身體觀》（臺北：中研院中國文哲研究所籌備處，1996 年）。

人人所當學」，按他所說，《大學》成為修道者的必讀書，因為，這當中所說乃教導後人如何「學天」，只要自覺「性之出於天者」都必須了解《大學》的主要內容是「學天」，而學天之前，必須了解人之本性源自於天的客觀事實。

　　然王氏所要學的「天」絕不是一般人所見之蒼茫之天或一般百姓所信仰的輪迴之天。故而認識真正的本體「天」，修煉本體之「天」之道，回歸「性」之本源，成了「學天」的主要內容：

> 天有理天、氣天、象天之分，故性有理性、氣性、質性之別，而心亦有道心、人心、血肉之心之不同，此愚人、賢人、聖人之學問、見地、造詣之所由分也。理天者，乃理性、道心之所自出。理者，無極之真也。未有天地，先有此理，天地窮盡，此理復生天地；未有此身，先有此性，此身既逝，而此性仍在。（頁1）

這樣的學「天」思維，以及理、氣、象三分的思想內容，讓我們不禁想起朱熹論理氣先後的一段話「未有天地之先，畢竟也只是理。有此理，便有此天地，若無此理，便亦無天地，無人無物，都無該載了。有理，便有氣流行，發育萬物」〔註14〕

　　「理」是超越的本體，是普遍性的，是萬物品彙的根柢。朱熹之「理」概念被王覺一所吸收，加入庶民百姓所景仰之「天」的神聖空間的觀念，使之成為本體之天、終極之境，也就是王氏稱之為「理天」。

　　王覺一之所以界定「理天」本體的意義與範疇，最主要在於說明「天」是多重的、不同層級的，若非修煉「理天」本體之道，將無法回返「性」之本源，徒勞無功，繼續沉淪於輪迴之道，這也是他所說「未有此身，先有此性，此身既逝，而此性仍在。」這樣的思想，實乃轉化朱熹之「未有此氣，已有此性；氣有不存，而性卻常在。」〔註15〕的思想，「性即理」觀念成為宗教上的意義。「理」乃先於天地之超越、永恆的存在，是整體性的觀念；人之性源於本體之天，故「性」亦是永恆的存在，此則是個體性的觀念，會產生變化的乃至於腐朽的，是「身」，也就是氣，絕非「性」，這樣的說法，其實是將輪迴的觀念加入「性即理」的思想中。

　　王覺一在信仰體系上，將「性即理」思想宗化，首先，朱熹之理、氣二

〔註14〕宋·黎靖德編：《朱子語類（第一冊）》（臺北：華世出版社，1987年）卷第一，頁1。

〔註15〕《朱子語類（第一冊）》（臺北：華世出版社，1987年）卷第四，頁67。

分的思維被王覺一運用於宗教場域之神聖／世俗的差異，他將「天」分成理
天／氣天／象天之天體論，主要乃要闡述他的人性論（詳見下節），特別是找
出人之所以爲不善與惡的原因，並透過修煉回歸性善本源。

　　由於王覺一受到朱子理／氣、道／器、形上／形下，以及理生氣之說的
影響，他描繪宇宙生成的先後與過程是「理至則生氣，氣行則生象，氣盛象
成，流行運御。」（頁30）因之，氣、象乃受命於理而生，象則因應氣之流行
而生，即如他所說，「道之爲物不二，而生物不測也……天包地外，地處天中，
至理不動，結而成地，大氣流行，積而成天，理載大氣，氣載大地，地載萬
類。」（頁26）此一由理→氣→象（天地萬類）的宇宙論圖像，基本上是程朱
思想的遺響。

　　然「大學」爲什麼需要了解「天」之層級的不同呢？主要仍在於修道之
目的乃爲了脫生死、斷絕輪迴，因之，必須選擇正確的修行方法與目標，若
方法、目標錯誤，則將苦修無成，望洋興嘆！而因一般人皆以「天」爲大，
因此易被非本體之天所所迷惑，認逆旅爲故鄉，是以，他認爲「學天」之道
首在認清所學之對象，方能修道有成，我們看看王覺一對理天、氣天、象天
的形容：

> 天者何，理也，氣也。氣天，上運星斗，下貫大地，寒來暑往，運
> 行不息。積厚有色，謂之碧落；未厚無形，謂之虛空。碧落、虛空，
> 莫非天也，氣無不在，即天無不在也。……十二萬九千六百年爲一
> 終始，流行不息，變而有常之天也。理天則貫乎氣天之內……雖不
> 離氣，而實不雜乎氣，超乎慾界、色界、無色界之外，則委氣獨立。
> 而爲無極之界，此靜而不動，常而不變之天。流行不息，變而有常
> 之天，無形有跡。常而不變之天，形跡胥泯。無形有跡者，因隙而
> 入，行而後至。（《中庸解》，頁33）

王覺一對象天的論述並不多，最主要在於象乃因氣而生，「象天」則是因氣的
推移、運轉而產生之物質體的空間，因之，一切有形的存在都是象，而象的
本質是氣，因此象是氣造化的結果，這樣的說法，即是北宋張載（1020～1077）
在《正蒙・乾稱》所說：「凡可狀，皆有也；凡有，皆象也；凡象，皆氣也。」
之思想的延伸。〔註16〕有形象者皆屬於象天，依他在《大學解》的描述，象
天除了大地之外（也就是我輩與萬物所居處之地球），另有八重天，即：月輪

〔註16〕張載：《張載集》（臺北縣：漢京文化，1983年9月），頁63。

天、木星天、金星天、日輪天、火星天、水星天、土星天、恆星天等宇宙存在之星球界，因這些是有形象之星界，肉眼可觀察，一看就知道不是神聖的終極地，故而所談不多。

由他所說「天者何？理也，氣也。」可知，最容易讓人混淆的乃是理天與氣天，故而王氏對理天與氣天的論述也較多。就上述引文所言，理天、氣天有下列的差異：

1. 理天是本體的存在，故不受時空所限。氣天雖是造化宇宙品類萬彙的動能，但其受載於理，無法永遠存在，其存在時間僅十二萬九千六百年，時間一到，隨之毀壞。

2. 理、氣不雜不離，[註17] 理雖靜而不動，形跡杳泯，卻主宰氣的生滅；氣無形有跡，流行不息，理因氣而呈現，氣因理而具有生命力。是以大千世界乃因理氣相合而成。就此而論，理天是形上的道，氣天（象天）是形下的器，只是象天皆有形象可觀察，氣天包含象天，故而兼具無形與有形，但其非本體，故非修行人所要學習之「天」的目標對象。

3. 理天的常而不變，乃是純善的本然。氣天變而有常，故使宇宙循其「常」而有秩序性、規則性，但重點在於「無形有跡者，因隙而入，行而後至」，可知，氣天的天界中，有善有惡，並非純善，故而非修道人所追求的終極地。

4. 理天、氣天、象天只是修煉境界與層級的不同，絕非將天一分為三，因為理天本體永恆存在，理、氣、象宛如一個多層的同心圓，理天是軸心，氣天居中，象天是最外層，無論中、外層如何變化，軸心永遠不變。

王氏之所以一再比較理天、氣天之極大不同，在於氣天的流行運轉，以及氣生萬物之「動」能特性，惑人耳目，而氣又離不開陰、陽二氣的變化，因此駁雜不純，也變化出許多惑人耳目的修持法，讓人趨之若鶩，誤以為氣天形下之術即是修道人之終極目標，他又說：

〔註17〕理、氣不雜不離的思想，主要也是受到朱熹的影響，在《朱子語類》卷一〈理氣〉有這樣的說法：「天下未有無理之氣，亦未有無氣之理」（頁2）、「或問：『必有是理，然後有是氣，如何？』曰『此本無先後之可言，然必欲推其所從來，則須說先有是理。然理又非別為一物，及存乎是氣之中，無是氣，則是理亦無掛搭處。』」（頁3）。可參劉述先：《朱子哲學思想的發展與完成》（臺北：學生書局，1984年）。

> 若不明乎理，囿於氣中，卻慾調息，終身不怠，可成此天之果，縱
> 能飛雲走霧，感而遂通……十二萬九千六百年，終歸窮盡。此天既
> 盡，成此天之果者，能不隨之而盡乎？（《一貫探原》，頁 83）

常／變、道／術、永恆／短暫、本體／現象，這是王覺一強調修理天之道與
氣天之術最大的差異，我們可以這麼說，理天是神聖空間，氣天是宇宙空間，
象天是現象空間，是神聖／世俗的差異，據此可知，「大學」之「學天」之道，
主要在於修煉回歸本體之道，歸本溯源，了脫生死輪迴不已的循環，追求永
恆的眞實。

　　王覺一以「學天」重新詮釋「大學」一詞的意義，可說是在理學的影響
中另有創新。「學天」一事並非創舉，觀古今儒者，莫不以學天爲要，修己成
人，參贊化育，無非要達到「天人合一」之聖人之境。王氏在「性即理」的
信念下，堅持「人」之本源與天同體同德，故而回歸本體，成爲每個人都必
須努力之事，除非那個人不承認自己的本源。「性即理」結合輪迴觀念，使得
原本理學中的哲學思維被宗教化了，故而必須強調修煉對象、目標不同，會
造成不同的修道功果，因之，明白理天、氣天之差異，成爲「大學」的首要
功課，而將「大學」詮釋成「學天」，可說是王覺一將「大學之道」之宗教詮
釋後的新解。

三、「大人之學」的內容

　　受到朱熹的影響，王覺一當然不會放棄朱子所說大學之道是「大人之學」
的說法，只是其中的思想內容與朱熹不全然相同。王氏是民間儒教的修行人，
因之，他不會只專注於「學天」一事，而是將其「學天」的體悟用之百姓群
生，以濟度的宗教情懷普渡眾生，讓天下蒼生都能得到救贖。因此，他已特
別注意如何將此一理念推之於社會國家。因之，一個「大人」首先必須了解
世間事物形成的本末、終始、先後之序，他談論「大人之學」時說：

> 有天地，然後有萬物；有萬物，然後有萬事；有萬事，然後有本末、
> 始終、先後之序。大人之學，窮源竟委，原始要終，本末不紊，先
> 後有序，方能代天理物，經營萬事。（頁 10）

從這段話可以看出，王氏認爲「大人之學」首先必須了解天地、萬物、萬事
之間的關係，也就是說，必須先認識存在於現象界的「物」，才能眞正利益群
生，避免淪爲空談。他所認定的「物」乃天地萬事萬物，與朱子所說的「物」

的範疇相差無多，但是他的重點在於萬事萬物的本末、終始、先後的順序，所以他認為一位「大人」必須窮究這些天地萬物的終始本末順序，才能代天行道，經營天地間的萬事萬物。因此，「大人之學」的內容範疇就變得十分寬廣，〔註18〕如同他對「物」的定義是從天地以迄萬事萬物之本末始終：

> 乾，陽物也；坤，陰物也。人為萬物之靈，飛潛動植，莫非物也。天有四時八節，雨暘災祥，陰陽消息，莫非事也。人有三綱五常，服食起居，公私慶弔，莫非事也。天有天事，地有地事，人有人事。天地萬物，雖各有其事，合而言之，皆大人分內之事，當知當行之事也。

> 天開於子，地闢於丑，人生於寅，此天地人物總總之本始，最先之事也。元會運世之升降，年月日時之循環，雖大小不同、久暫各異，莫不各有本末、終始、先後之序。

> 大人之學，悉運會升降之由，因事之消長興衰，而行其經權常變之道，施其因革損益之法。可者因之，否者革之不及益之，太過損之。本則先之以原始，末則後之以要終。天地不足，大人補之；陰陽失和，大人調之。日月盈虧、寒暑代謝、治歷明時，使民不惑於稼穡之期。

> 灑掃應對，此本始所先也，則立小學以教之。窮理盡性，從政服官，末終所後也，則立大學以教之。

> 人之賢愚不等也，則立政以一之。寬則失之放也，則制禮以節之；嚴則失之拘也，則作樂以和之。勤勞則賞以勸之，頑梗則罰以威之。

> 賢有大小也，則立君以主之。三公論道，六卿分職，百官從事，萬民役使以等之。

> 恩有厚薄也，則立七廟、五望、三族、六親以殺之。故周禮大司徒，以鄉三物教萬民。智仁聖義中和之六德，孝友婣睦任恤之六行，禮樂射御書數之六藝，此雖曰三物，而實該萬事。德先、行中、藝後，此本末、始終、先後之序也。

〔註18〕王覺一對「大學」之宗教化的解釋，影響當今一貫道甚為深遠。另可參鍾雲鶯：〈試論臺灣一貫道對《大學》之詮釋〉，《儒學與社會實踐：第三屆臺灣儒學研究國際學術研討會論文集》（臺南：國立成功大學中國文學系，2003年2月），頁525～529。

再如水火木金土，貌言視聽思，宮商角徵羽，吉凶軍賓嘉，莫非事
也，而物在其中。有是物，則有是事，有是事，則有本末、終始、
先後之序。大而天地之終始，次而帝王之興廢、再次而身家之存亡，
再次而身家之存亡，再次而一事之起落，暫而瞬息之間，微而動靜
之際。（頁 11～12）

由於王覺一乃從「大人之學」的角度解釋「物」，而對「物」的定義乃建立「事」
的基礎上，〔註19〕因之從天地之生、滅，一直到人世間的居處時所接觸的人、
事、物，也就是王氏所說的「天有天事，地有地事，人有人事。」理論上，
這三者雖區分爲三，但實際上，三者息息相關，缺一不可，以見「大人之學」
的深度與廣度。一位「大人」，必須了解天、地、人之間的本末、先後、始終
之序，方能正本溯源，依理治物，也就是他「學天」思想的延伸，因爲，唯
有理解理、氣、象之先後、本末、生滅過程，才能正確掌握世間事物之本末、
終始之序。因此，天地之物始於陰、陽，陰陽之動而成就宇宙間所有之物。
是以天之物雖以生滅爲要，而這生滅的過程中含元會年月之升降循環，星宿
之運行。而天地之循環運轉之變，影響人世間的政策的制訂與國家的興衰消
長。因此，透過天地之物之時序，治曆明時，教民農稼，不惑於農期，此乃
人之事，而此一人事之本乃在天，政策之制則是末。是以王氏特別強調事物
之本末、始終、先後之序，並以此來詮釋天事、地事、人事之間的關聯性與
次序先後的重要性。因此在人事上，先以小學教以灑掃應對之節，末以大學
教以窮理盡性；而在化民成俗的政策實施，也是以思考事物所以發生之本末、
先後、始終的次序與原因爲先，再制訂處理的方法，如此方可正本溯源，達
到治本立標的效果。天事、地事、人事所構成的整體，天地——人的宇宙秩
序以至人類社會的制度秩序與人倫道德。天事、地事、人事，三者雖可以部
分觀察、看待，但實際上，三者是不可析分的整體，任何一個部分有缺陷，
就會對整體產生威脅，因之，「大人之學」所呈現的是「部分不只是組成整體

〔註19〕 王覺一以「事」釋「物」又與王陽明所說不同，王陽明雖亦以「事」釋「物」，
但陽明所說之「事」乃建立在「心外無理」、「心外無物」的人倫道德、社會秩
序、法制的規範上，在《傳習錄》中的一段話即可明白，他說：「身之主宰便
是心，心之所發便是意；意之本體便是知，意之所在便是物。如意在於事親，
即事親便是一物；意在於事君，即事君便是一物；意在於仁民愛物，即仁民愛
物便是一物；意在於視聽言動，即視聽言動便是一物。所以某說無心外之理，
無心外之物。」見《王陽明全集（上）》（上海古籍出版社，1992 年），頁 6。

的一個小單位，而是整體的展現。部分與整體互相依賴，缺一不可。整體經由展現部分而存在，部分藉由體現整體而存在。」的觀點，〔註20〕就此而論，王覺一的「大人之學」已具備了當今管理學所說「系統思考」（System Thinking）的模式了。〔註21〕

王覺一界定「大人之學」的範疇，已包含天地、人世、萬物的種種一切，包含人世間的政策之行與細節，但只要掌握天事、地事、人事之本，及其所須應對、處理之序，一切事物皆是依「理」而行，不致於混淆不清。

由此可知，一位「大人」絕不是只專注於個人的修行，而是必須透過天地的生滅之道，管理、教化五濁之世。因此，「大人之學」已不只是知識之學或理學家所謂的成德之學，而是結合二者，建立良善的政治、教育、律法等制度，教化百姓，使之窮理盡性，此乃「學天」之「大人」當知當行之事。就此而論，王覺一可說是典型的儒者，只是他以宗教修行法力行實踐之，以人世間的入世修行，推動其宗教理念，如同林安梧教授所說的「不離生活世界的終極關懷」。〔註22〕

〔註20〕 此乃 Paper M.Senge 之「不可分割的整體」討論「部分與整體」間之關係的說法。Paper M.Senge 著‧汪芸譯：《修練的軌跡——引動潛能的 U 型理論》，（臺北：天下遠見，2006 年），頁 24。

〔註21〕 「系統思考」（System Thinking）的思維，特別強調「部分」與「整體」不可分離的關係，太過專注於自我，對整體所產生的影響，已非個人能力所能處理，唯有以「整體」觀察「部分」，「部分」貫穿「整體」，才能完善地處理所發生、面對的問題，大家較耳熟能詳的實例為「蝴蝶效應」與「啤酒遊戲」。Peter M. Senge 乃將這些現象運用在「啤酒遊戲」的系統中，透過零售商、批發商、製造商等各自不同的角色，他們唯一的目標，總是盡量扮演好"自己"的角色，使利潤最大。遊戲結果，太重視自己的想法，以及將錯誤推之於外的思維模式，這些角色沒有一個得到利潤，且多屯積大量存貨，蒙受莫大的損失。Peter M. Sange 強調，在人類系統中，常隱藏著更有效的創意解，但是我們卻不曾發覺，因為只專注於自己的決定，而忽略了自己的決定對他人有怎樣的影響。在啤酒遊戲之中，三個角色在他們的範圍能力之內，都有消除大幅振盪的巧妙作法。但是他們無法做到，因為他們根本不知道自己是如何開始製造出振盪的。Peter M. Senge 所要強調的是「結構影響行為」，通常，我們發生問題的時候，都會怪罪某些人或事，然而，我們的問題或危機，卻常常是由我們所處系統中的結構造成，而不是由外部的力量或個人的錯誤。參 Peter M. Sange 著、郭進隆譯：《第五項修煉——學習型組織的藝術與實務》（臺北：天下文化，1994 年），頁 39～57。

〔註22〕 林安悟：〈論儒家的宗教精神及其成聖之道——不離於生活世界的終極關懷〉，《中國宗教與意義治療》（臺北：明文書局，2001），頁 21～49。

王覺一受到朱子學派的影響，故而他論及「大人之學」當知當學之「物」的定義時，與朱熹之「物」的內容幾乎一致，因為他們都認為，只要掌握「理」的主體性，了解「理一分殊」的必然性，則「大人之學」的事物雖說龐雜，但卻不難理解，〔註23〕也就如王覺一所說：「大人之學，明顯洞微，彰往察來，萬理悉備，無應不當，不為事先，不失機後，因時制宜，動靜輒隨，知至至之，知終終之，則違道不遠矣。」（頁 12）再者，王覺一所強調事物之本末、先後、始終之序，與《大學》本文所說的先後、本末、厚薄的意義是一樣的，只是王覺一以宗教修行的方式，洞本溯源的理念來詮釋「大人之學」。

四、「學天」思維下的人性問題：「理、氣、象」三界結構的人性論

「學天」是王覺一解讀《大學》的主要用意，了解理、氣、象之本質上的差異，成為他注解《大學》的思想核心。而因受朱子理／氣、天命之性／氣質之性、道心／人心之說的影響，王覺一亦在其所建構之理／氣／象之宇宙論中論述人性論。

一本宗教家的情懷，性善論是王覺一談論人性根源對人之本質的肯定。在朱熹的基礎中，他對明德的認知是「人之所得乎天，即天命之所謂性也。」、「德之體本明，惟其明也，故稱德」、「明德雖人人本有，然拘於氣稟，蔽於物慾，大都有而不知其有。」（頁 3）這樣的解釋，幾乎是宋明理學家一致的說法，特別與朱熹之說如出一轍，〔註24〕也就是他們都承認超越的理的本質是至善的，但落諸於個體的特殊性則不是純善，因之，在理論與理想中，「性即理」之性善論是普遍性的原則；但從現實人生觀察，人之為惡，或者說人的表現不全然至善卻是真實的現象。受到朱熹理氣二分的影響，王覺一則將人未生前之本然之性與出生後的氣稟之性，其間之差異，作一說明：

> 周子曰：無極之真，二五之精，妙合而凝，乾道成男，坤道成女。
> 此性之所自來，人之所由生也，二五之精，生有形之身，無極之真，

〔註23〕這樣的說法，在《大學解》中的一段文字可見其詳，他說：「此理之所以無所不理，各得其理，其體至虛，故萬殊在於一本，其用至神，故一本能應萬殊。至虛則一無所有，而無所不有，至神則淡然無為，而無所不為」，由此可見王覺一也是從「理一分殊」的角度詮釋「物」。

〔註24〕朱熹在〈大學章句〉言「明德」：「明德者，人之所得乎天，而虛靈不昧，以具眾理而應萬事者也。但為氣稟所拘，人欲所蔽，則有時而昏，然本體之明，則未嘗息者，故學者當因其所發而遂明之，以復其初也。」朱熹：《四書章句集註》（臺北：鵝湖出版社，1984 年），頁 3。

妙合其間，作無形之性。……天理者，萬物統體之性；人物者，物物各具之天也。此性中寓於一身之中，謂之隱；超乎有形之外，謂之費。……此大學之道，已得於未生之先矣！迨此身之既也，　地一聲，太極之氣從而入之，氣顯理微，微不勝顯，則拘於氣稟。知識漸開，甘食悅色，交物而引，則蔽於物慾矣！理蔽於氣，氣蔽於物，物交於物；自理而氣，自氣而物。愚人只知有物，而不明乎氣；賢人明於氣，而不達於理，如不從事於學，則囿於小而昧其大矣！

（頁 2～3）

在理／氣／象的結構中，王氏將人悟「理」與否的品類分成聖人／賢人／愚人，也就是說，在他的認知中，未達悟「理」者，雖道德修養受人景仰，仍然只是「氣天中的賢人」，仍受氣天時空所限，因之有所謂的「聖域賢關」之不同。〔註25〕

原周敦頤根據儒家經典《周易》與太極圖所建立的宇宙論，在此則被作為人性本源之說。首先，王覺一認為，「理天」是「無極」不是「太極」，「太極」已落入「氣」，這一點與朱熹認為太極是理大不相同。〔註26〕這樣的說法，當源自於道教的無極圖之說。道教的無極圖本一空圓，中間無物，而太極則以陰陽二氣為圖狀，故王覺一認為太極是氣，不是理，加以周敦頤說「陰陽一太極也，太極本無極也」，容易讓後人混淆，很清楚的，王氏乃採周子原始文字的說法。可知，他雖接受朱熹理氣的思想，卻反對朱熹以太極言理的說法。

然將周子描繪宇宙生成人物之說來解人性之源，主要乃要說明：現象界之人，乃理、氣，也就是性、身之結合。無極之真代表性理，二五之精則是物質之身。「妙合而凝」點出神妙無方以成生命的自然性、必然性，也就是理、氣相合才能成就生命。而人源於無極之真，理應至善，這也就是他所說「此大學之道，已得於未生之先矣！」所以他將人之不善，歸諸於人之「既生而

〔註25〕王覺一認為只達「氣天」之境者稱為「賢人」，賢人仍無法了脫生死輪迴之苦，這樣的說法，在今日之一貫道稱為「氣天神明」，也就是民間信仰中的神明，他們受百姓供奉的時間是有限制性的，時限一到，仍會受到輪迴之限。參同註1。

〔註26〕勞思光教授即認為「無極」是「太極」之上的一個「體」，中國學者張立文也主張「自無極而太極」的說法。勞思光：《新編中國哲學史（三上）》（臺北：三民書局，2007 年），頁 140；張立文：《宋明理學研究》（北京：中國人民大學，1985 年），頁 117～131。

後」所受到的影響與感染。

　　首先，我們可以問，既知理是純善至理，那麼只談論理天之修煉與性理之源，直接切入即可，為何要論及非本體的氣、象？一方面此乃牽涉到知、行之間的問題（詳見下節），一方面也受到程朱所討論天地之性與氣質之性之間關連性的影響，王覺一說：

> 理氣混淆，非善之至也。……孟子曰：性無有不善。此論理，不論氣也；告子曰：有性善有性不善。此論氣不論理也；荀子曰：性惡。此理氣皆不論，而只論乎慾也。論慾者，則性有惡無善；論氣，則性有善有不善，而非至善；論理者，然後知性無有不善，而謂之至善也。……知象者，離道太遠；知氣者，漸進於道；論理者，則至於道矣！（頁5～6）

之所有必須論述理、氣之間的差異，即在於氣有善有不善、漸進於道卻非真道所造成的魚目混珠的現象，這種說法很像朱熹所說：

> 論性不論氣，不備；論氣不論性，不明。蓋本然之性，只是至善，然不以氣質而論之，則莫知其有昏明開塞、剛柔強弱，故有所不備。徒論氣質之性，而不自本原言之，則雖知有昏明開塞剛柔強弱之不同，而不知至善之源未嘗有異，故其論有所不明。須是合性與氣觀之，然後盡。蓋性即氣，氣即性也。若孟子專於性善，則有些是「論性不論氣」；韓愈三品之說，則是「論氣不論性」〔註27〕

以及王陽明說的：

> 孟子性善是從本源上說，然性善之端須在氣上始見得，若無氣亦無可見矣。惻隱、羞惡、辭讓、是非即是氣。程子謂論性不論氣，不備，論氣不論性不明。〔註28〕

當然，朱熹所說的重點在於「本然之性」、「天地之性」其實都是「性即理」之性，是一種兼具公共性格的存有理則，但人性的問題必須落在個體上討論，一旦論及個體，就必須性與氣合著講；王陽明所說乃為他「性即是氣，氣即是性」立論，但陽明所說之氣與程朱有極大的差異，是一種貫穿形上形下之間的定義，

〔註27〕《朱子語類（第四冊）》，卷第五十九，頁1387～1388。
〔註28〕王陽明：《王陽明全集（上）》（上海：上海古籍出版社，1997年）卷二〈啟問道通書〉，頁61。

沒有朱熹所謂道、器之別的問題，〔註29〕也就是楊儒賓教授所說的「心氣」，亦即是心即理即氣。〔註30〕特別是二人同時引用程頤所說的性、氣合論的觀點。

然而，王覺一的旨趣並不是在釐清朱、王的學理，而在於運用他們的談論「本原（源）」的思想。說明了，只要涉及人性論的問題，一定要談本原（源）、談超越、談真理，但也不可以跳過氣稟、特殊、現象所形成惡的問題。因此，他認為，論及人性的問題時，必須了解人性善／不善／惡的因由，如是，才能更客觀面對人性的問題，也才能說服他人入教修行，而非只一味以宗教感性情感談人性善，若不面對不善／惡的問題，心性修養無法達道他所說的至善。這樣的思維與程朱論道心、人心之差異是一樣的。就道心而言，它是氣之靈、是理、是太極，但就現實而論，人心必然受限於人欲，蒙蔽天理，所以學者必須為學，以即物窮理的的方式，做為自我認識、自我贖回的道德實踐，〔註31〕藉以認清現實中人之不善與惡的原因，只是王覺一以宗教之論本源的方式談論。因之，唯有將性、氣合論，才能真正的通達本然之性，而不讓混淆理氣的氣天之性蒙蔽了理天本體之性。再者，唯有認清理、氣、象不同，才能真正洞本溯源，通達本體。但，問題是，我們如何了解人性中所表現的理、氣、象的質地，以及如何朝向「理」的目標？

王覺一面對這個問題時，他以分析理、氣、象在心、性、神上所呈現的本質，以解釋：

> 天有理天、氣天、象天之分：命、性有天賦之命、本然之性、氣數之命、氣質之性之別：心，有道心、人心血肉之心之異：神有元神、識神、魂魄之不同。質性、肉心、魂魄出於象：氣性、人心、識神、氣數之命出於氣：元神、天賦之命出於理。象則暗而不明，氣則有明有暗，理則本體常明。本體常明者，至善之地也，此地論象，則五行具備：論氣，則五氣朝元：論理，則五德兼該。……愚人執象，以五行之質為道，此團砂為飯，苦死無成之道也。賢者以五行之氣

〔註29〕楊儒賓：〈氣質之性的問題〉，《儒家身體觀》，頁353～374、
〔註30〕楊教授對「心氣」的解釋是：這是個體驗形上學的概念，它意指（一）世界終極的實體是氣，這種「氣」的意義其實等於《易經》所說的「神」，它意指超越本體之作用：（二）氣的全體意義惟有經過學者盡心體證後才能證成：（三）就學者體證後的氣之認知意義而言，它圓融地被視為與經驗之氣是同一種氣。同上註，頁408。
〔註31〕楊儒賓：〈變化氣質、養氣與觀聖賢氣象〉，《漢學研究》第19卷第1期（2001年6月），頁125～126。

為道，此仰箭射空，力盡終墮之道也。聖人以五常之理為道，方可
窮理、盡性，以至於命。五常之性，明德也、至善也。明明德者，
止於至善也；止於至善者，明明德也。（頁 6）

天賦之命／氣數之命、本然之性／氣質之性、理性／氣性／質性、道心／人
心／血肉之心、元神／識神／渾魄，這種將心、性、神三分，與他將理、氣、
象三分的思維是一致的。然而，這種對人性問題的說法，已摻雜了道教之說，
稱道心為理、為本然之性，與朱熹的說法有極大的差異。

首先，性、命、心、神相通為一，是王覺一論「人性」在理、氣、象三界
所呈現的質地。這樣的說法，很像程頤所說：「孟子曰：『盡其心，知其性。』
心即性也。在天為命，在人為性，論其所主為心，其實只是一箇道。苟能通之
以道，又豈有限量，天下更無性外之物。」、「在天為命，在義為理，在人為性，
主於身為心。」〔註 32〕其意義在於將宇宙本體與道德本體的統一，將心、性、
理統一，但又堅持形而上的普遍之心與形而下的個體經驗之心的區別；〔註 33〕
也就是說，從通之以「道」的本體而言，命、理、性、心名異而實一，互相圓
通、包攝，心即性即理即命。〔註 34〕王陽明的心學（良知之學）對理、心、性
異名同實的觀念更是大加發揮，他認為良知本體是宇宙存在的本體，也是道德
實踐的主體，它是徹上徹下，由道德實踐貫通宇宙本體。〔註 35〕王覺一將這些
觀念運用在對理、氣、象三界人性論中所展現不同的意義，在同一天界中，命、
理、心、性，他們的意義是一樣的並沒有分別。就此可知，王覺一雖固守朱熹
「性即理」與理、氣二分的思想，但他對於朱熹強分命、心之別則又不以為然。

王覺一有這樣的區分，最主要在於朱熹認為「道心」是已發，不是性，
這樣的說法並不為王覺一所接受認同，他比較能接受羅欽順所說：「道心、性
也；人心，情也。心一也，而兩言之者，動靜之分，體用之別也。」、「道心，
寂然不動者，至精之體，不可見，故微。人心，感而遂通，至變之用，不可
測，故危。」的思想，〔註 36〕最主要在於他支持道心即性（理）是體，是至
善的本體；人心是氣是用，有善有惡，而非至善，與他所說天、氣天的區
分有極大的關係。

〔註 32〕朱熹編：《河南程氏遺書（下冊）》（臺北：商務印書館，1988 年），頁 225。
〔註 33〕蒙培元：《中國心性論》（臺北：學生書局，1990 年），頁 344。
〔註 34〕張立文：〈中國心性哲學及其演變〉，《中國文化月刊》165 期，頁 33。
〔註 35〕楊儒賓：〈理學論辯中的「作用是性」說〉，《儒家身體觀》，頁 304～305。
〔註 36〕黃宗羲：《明儒學案（下冊）》卷 47,（臺北：華世出版社，1987 年），頁 1111。

　　至於「神」的說法，雖來自道教的名詞，但在民間教派中也有類似的說法，同治十一年（1872）先天道水精子所作《清靜經圖註》解釋元神與識神：

　　　　元神，無識無知，能主造化。識神，最顯最靈，能應變無停，此神是人之主人翁也。其神之原，出於無極……不生不滅，不增不減……夫元神，隨身之有無，從受胎以得其生。凝於無極之中央，主宰生身之造化，十月胎足……団的一聲……而這識神，趁此吸氣，隨吸而進……從此以心爲主，而元神失位，識神當權。七情六欲，晝夜耗散，而元神耗散以盡。……（人生）要把性命二字爲重，識神元神當分，眞身假身當曉，人心道心當明，切不可以人心當道心，以識神當元神。〔註37〕

《清靜經圖註》的成書年代與王覺一同時，所用的語言也相似，因此拿來做爲補充王覺一的元神、識神、魂魄之說是恰當的。我們若將上述引文對元神、識神的解說，可以清楚明白，元神即是人之性體，也就是理，故其能主造化；識神則是人心之作用，故是氣，因之應變無停。再加以以道心喻元神，以人心喻識神，與王覺一的說法如出一轍。

　　接下來我們必須處理的是氣數之命的問題，也就是「人生而後」所形成的人之智愚賢否、窮通壽夭不同之性格與命的差異。據王覺一所言「其人降生受命之時，正當某宿某度之氣，適值其會而入之，則人之性，各肖其宿之性。宿有吉凶，故人有善惡；其命則參之春秋寒暑，晦朔玄弦望，日時干支之生剋制化，而氣質之性，所以萬有不齊也，此降生而後得之氣天也」（頁34），此即他所謂的氣數之命，因爲受氣天的主宰。這樣的說法，實與程朱所說無異，程頤以人之稟其氣之清濁而有善惡、聖愚之別，朱熹也認爲，人的性格差異，不僅與氣之清濁有當然的關係，更與四季節氣、天地運轉之正常與否有關。〔註38〕王氏則認爲之時人在降生之時，太極之氣從口而入，此時所吸入之「氣」與其後天性格、命運有必然性的關係，因此，他特別強調人降生

〔註37〕 水精子：《清靜經圖註》（臺北縣三重：大興圖書，無出版年），頁41～44。
〔註38〕 程頤：「氣清則才善，氣濁則才惡。稟得至清之氣生者爲聖人，稟得至濁之氣生者爲愚人。」（《河南程氏遺書》卷第二十二上，頁318）；朱熹：「人之性皆善，然而有生下來善底，有生下來惡底，此是氣稟不同。且如天地之運，萬端而無窮，其可見者，日月清明氣候和正之時，人生而稟此氣，則爲清明渾厚之氣，須做箇好人；若是日月昏暗，寒暑反常，皆天地之戾氣，人若稟此氣，則爲不好底人。」（《朱子語類（第一冊）》第四卷，頁69）。

之後的差異。也就是強調討論人性時必須論理、論氣、論象的必要性。當我們認清人之差異性之所形成原因後，就能比較心平氣和接受自己後天的性格與氣數之命。但王覺一絕不是要信徒當一位宿命者，反而要突破性格與氣數之命，認識氣、象之限，直接就本體而修煉，本體與工夫同時，以明明德、止於至善爲正鵠，不受現象界之聲色所迷，也不受氣天之神通法術所惑，一切以修煉無思無爲之本性爲要，以通達理天之道爲人生的第一目標。

從王覺一「學天」人性論思維中，我們可以發現，王覺一對於主流儒學的吸收並不是單一性的，而是以建立他所要建立的教義思想爲要，故有所捨取與批判，呈現百川匯流的多元思想面向。他雖是程朱「性即理」與理、氣二分的信仰者，並在此基礎下建構他的理、氣、象三界。然其建立在宇宙論上的人性論，則反駁朱熹的說法，認爲無極是理、太極是氣，將理、性、命、神，相通爲一、同質一貫，只是文字描述的差異，其所指皆同只一事，所不同的，乃在三界中所呈現之質地的不同，以及所描述名詞上的差異。在人性論述上，他較接近羅欽順「道心是性」與王陽明「心性同一」的思維，與朱熹之說相差甚遠。

五、結　論

王覺一《大學解》是典型以宗教修行觀點解釋《大學》的作品。從他的解釋中，我們可以發現，他受到主流儒學的影響，卻又轉化主流儒學的思想，開創他的教義思想，使得儒家思想的經典詮釋呈現多元的風貌。

從王覺一對《大學》的解釋，可以發現，他對主流儒學的吸收是選擇性的，如同他的理氣思想雖恪守朱熹的說法，並將之宗教化，發展成理／氣／象三界的空間結構。但在人性論上，他則較接近朱學改革者羅欽順的道心是性是體，以及王陽明的心性合一的思想。因之，我們可以說，王覺一是典型的理學與心學交融的民間宗教家。

我們可以問：爲什麼在宇宙論上，王覺一以朱熹的性即理與理氣二分思想爲主；而在人性論上卻是較接近於陽明學說。筆者想要提醒的，我們千萬不要忽略朱子學說因科考而在傳統士庶社會所產生的全面性影響。特別是程、朱所建構的理本論，已爲儒學建立一個超越的本體思維，此一超越的、絕對的眞理，被運用在宗教的神聖之域的論述是再恰當不過了。在加以理／氣二分的思維，正爲民間教派建立其神聖／世俗之區分最好的理論基礎，因

之，我們時而所見民間教派在本體論與宇宙論上會吸收程朱理學之說，藉以建立其神聖之域，將理思想宗教化，轉化理氣的哲學思維成為宗教語言。而在工夫論上，陽明思想因隨其後學在民間社會的影響與世俗化，一般老百姓的接受度極高。再者，陽明「心即理」、「致良知」、「知行合一」之說，對一般百姓而言較淺顯易懂，也較容易力行實踐，故而許多民間教派的領導者會以陽明之學教導信仰者，使之可以運用於日常生活之中。也就是說，就語言的難易度，以及將儒學世俗化的層面而言，陽明之學確實是較朱熹之學容易被庶民百姓所接觸與接受。也因此「心即理」、「致良知」、「知行合一」被廣泛運用於民間教派的修行論之中。我們由此可見大傳統與小傳統的互動交流。

王覺一雖說在主流儒學的影響下註解《大學》，但他仍有其中心思想作為其論述的主軸，絕不是只是一味地吸取主流儒學之說，他的核心思想即是「學天」，故而從「大學」一詞之定義，「大人之學」的內容，人性善／不善／惡的問題，都在「學天」的思想中發展開來。